계몽
빛의 사상 입문

존 로버트슨 저
양창수 역

The ENLIGHTENMENT
A Very Short Introduction

John Robertson

박영사

| 역자 서문

　이 책은 영국의 옥스퍼드 대학교 출판부에서 간행된 John Robertson, THE ENLIGHTENMENT. A Very Short Introduction, 2015 을 번역한 것이다.

　원저에는 주가 전혀 붙어 있지 않다. 이 책의 각주는 전적으로 역자가 붙인 것이다. 그 수가 많아진 이유는 대체로 역자가 공부를 겸해서 이것저것 찾아본 것을 이 책에 맞게 정리하였기 때문이다.

　저자 존 로버트슨은 1969년부터 옥스포드 대학교의 워덤 칼리지 (Wadham Collerge)에서 현대사를 공부하였다. 그는 1981년에「스코틀랜드 계몽과 민병대 문제」라는 논문으로 박사학위를 취득하였는데, 그의 지도교수는 휴 트레버-로퍼(Hugh Trevor-Roper) 교수이었다. 그는 1980년부터 2010년까지 위 대학교의 세인트 휴즈 칼리지에서 현대사 담당의 강사 등 여러 직책에 있었다(그는 여전히 위 칼리지의 명예 펠로우이다). 2010년부터는 캠브리지 대학교의 정치사상사 교수로 재직하다가 2018년에 퇴직하였다. 이 책은 그가 위 교수의 직에 있을 때 저술한 것이다.

　그는 17세기부터 19세기까지의 정치사상사 및 지성사를 전문으로 하며, 특히 계몽시대, 그 중에서도 역사학 및 철학의 정치사상에 대한 관계에 관심을 두고 있다.

역자는 대학에서 민법을 전공으로 하여서 민법해석학을 자신의 일로 삼고 있다. 민법은 자유롭고 독립한 개인을 전제로 하여 그가 자신의 생활(가장 넓은 의미에서의)을 스스로의 의지·선택에 따라 형성하여 갈 수 있음을 출발점으로 한다. 그것은 '인간으로서의 존엄과 가치'(헌법 제10조)의 핵심에 있는 윤리성, 즉 일반적으로 수긍할 수 있는 규칙을 스스로 정립할 수 있는 능력에 바탕하여 인정되는 것이다. 그러나 우리는 실제로는 타인으로부터, 가족 기타 여러 형태의 '공동체'로부터 은연중에 강요되는 '사람으로서의 도리'를 자신의 마음속이 아니라 바깥에 있는 어떠한 '권위'로서 앞세우는 일이 적지 않은 듯하다.

위와 같은 민법의 '이념'은 다른 법분야, 예를 들면 헌법에서와 마찬가지로 그 뿌리를 근대의 유럽대륙에 두고 있는 것으로 이해된다. 그리하여 민법의 이념적 정당화를 모색하고 설명하는 과정에서 유럽의 그 '계몽'이 주의를 끌었다. 무엇보다 연구 생활의 초입에서 이 책에서도 몇 번 언급되는 칸트의 글 「계몽이란 무엇인가?」를 우연히 읽게 되었을 때 받은 충격은 그 후로도 오래 남았다.

역자는 정치사상 또는 정치사상사에는 그야말로 문외한이다. 그러나 이 책은 근자에 출간된 것으로서, '계몽'을 단지 철학적인 관점에서뿐만 아니라 그 외의 여러 가지 측면, 특히 기독교 기타 종교에 대한 입장, 경제학이나 정치학과 같은 사회과학에 입각한 주장이나 설명과 같은 측면에서도 살펴본다. 그러한 고찰은 포스트모더니즘이 빈번하게 말하여지는 오늘날의 지적 상황에까지 미친다. 이 책은 '매우 초보적인 입문' 시리즈의 한 권으로 발간되었으나, 역자와 같은 초보자에게는 오히려 그것이 매우 유익하였다. 이 책은 말미에 매우 충실한 「참고 문헌」과 「앞으로 읽어볼 만한 자료」를 제시하고 있어서 그 점에서도 많은 도움이 된다.

역자는 이 책을 이호정 선생님에게 바치고자 한다. 이 선생님은 안타깝게도 2018년 12월에 돌아가셨는데, 1975년부터 대학원에서 역자에게 학문의 즐거움을 알게 하여 주셨고 또한 민법해석학이 민법에 대한 역사적·이념적 바탕 위에서 비로소 제대로 행하여질 수 있음을 가르쳐 주셨다.

아마도 잘못되거나 부족한 이해와 표현, 번역이 많을 것이다. 옛 날식 표현으로, 강호제현의 서슴없는 질정을 바란다.

2023년 3월 15일

광화문 연구실에서

양 창 수

| 목 차

제 1 장
계 몽

    사상의 역사에서 논의되는 대상으로서 계몽처럼 의견이 일치되지 아니하는 것은 별로 없다. 역사적 현상으로서 계몽은 18세기 유럽에서의 어떠한 지적知的 운동으로 파악되고 있다. 이때 그 지적 운동은 어떤 특정한 관념으로서뿐만 아니라 그 신봉자가 전력을 기울여 광범위한 독자와 실천자를 얻으려고 하는 운동으로서 특징지을 수 있다. 그러나 그 18세기에 있어서까지 계몽의 중요성은 그 직접적인 역사적 상황을 넘어서는 것이라고 믿어졌다. 다시 말하면, 계몽은 세계에 있어서의 인간의 지위 및 인간이 처하고 있는 환경을 근본적으로 개선하는 것에 관하여서 새롭고 또한 명백하게 근대적인 이해理解의 전망을 제시하는 것이었다. 계몽이 생각하고 주장하는 바는 19세기와 20세기의 전체를 통하여서, 나아가 21세기에도, 계속해서 역사가로부터도 또한 철학자로부터도 비판적으로 논하여지는 대상이었고, 또 현재도 그러한 대상으로 있다. 계몽이 "여전히 문제가 되는" 이유가 무엇인가라는 바로 그 점이 과거의 어떠한 시기보다도 오히려 오늘날에 더욱 논의되고 있다.

이 책의 목적은 계몽이 18세기적 조건 아래서 어떠한 것이었는 지를 그 대강에 있어서 설명하는 것, 그리고 계몽을 둘러싸고 18세기 이후 그처럼 다툼이 많은 이유를 설명하는 것이다. 내가 제시하려고 하는 바는, 계몽을 이해하는 열쇠가 계몽이 18세기에 여러 가지로 해석되었던 '철학'이라는 말과 애초부터 결합되어 있었음을 인식하는 데 있다는 점이다. 더 나아가서 말하자면, '계몽'에 관한 철학상의 관념은 '근대적인 것', 그리고 점차로 '근대성(modernity)' 그 자체와 동일시되어 갔다. 따라서 이하에서 이러저러한 관점에서 설명하는 바와 같이, 계몽은 역사적인 탐구의 대상이기 이전에 철학상의 관념이었다고 하는 점이다. 20세기에 계몽에 대하여 행하여졌던 역사적 음미를 통하여, 그것이 그 전에 이해되고 있었던 것보다도 훨씬 광범위하고 복잡한 운동이었음이 밝혀졌다. 그러나 계몽이 역사적 현상임과 동시에 여전히 계속해서 철학상의 관념이라는 바로 그러한 이유로 해서 계몽의 의미와 의의는 다른 순수히 역사적인 사건보다도 훨씬 큰 중요성을 획득하여 왔다. 계몽에 관심을 기울이는 것은 학자 또는 학생뿐만 아니라 보다 넓은 범위의 공중公衆이다. 그 중에 많은 사람은 계몽이 편들고 있다고 그들이 믿고 있는 것에 격렬하게 반대하고 있다. 이 책에서 계몽에 반대하는 사람들의 의혹을 아예 풀어 줄 것을 의도하지는 아니하지만, 어느 정도 오해를 바로 잡고 새로운 전망을 제시하기를 나는 희망하고 있다.

계몽이란 과거에 어떠한 것이었고 오늘날에 이르기까지 사이에 어떠한 것이 되어 왔는가를 다시 설명하려면, 먼저 일찍이 18세기에 시작되었던 그 정의定義에 관한 문제를 검토하지 않을 수 없다.

동시대同時代의 정의

'계몽'에는 많은 번역어가 있다. 그렇게 말하기보다, 영어의 '계몽(enlightenment)'이라는 말 자체가 19세기 후반에 만들어진 번역어로서, 이미 18세기에 쓰이고 있던 프랑스어의 뤼미에르(lumiéres)와 독일어의 아우프클레룽(Aufklärung)이라는 두 개의 다른 말을 바탕으로 하고 있다. 이들 둘은 '빛'이라는 요소를 공통적으로 가지고 있다. 그러나 위 프랑스어 명사는 복수형이고, 독일어는 밝게 비치는 빛보다는 해명解明의 과정을 강조한다. 여기서 빛은 강한 종교적 함의를 가지고 있었다. 즉 그리스도는 세상의 빛, 우리들의 혼을 밝히는 빛인 것이다. 그러나 빛은 철학과 보다 오래된 관련을 가지고 있어서 플라톤에까지 거슬러 올라간다. 빛이란 편견과 무지의 벽이 우리의 시야를 가리고 있는 동굴[1]로부터 벗어나서 우리가 획득하는

---

1) 플라톤의 『국가』에서 서술하는 바대로, 애초부터 동굴 속에 묶여 있어서 사물의

진리에 관한 지식이다. 이러한 이미지는 18세기 초엽에 다시 채택되었다. 그것은 프랑스 파리의 「과학 아카데미」의 간사이었던 베르나르 드 퐁트넬[2]이 "거의 전적으로 새로운 철학적 정신"과 뤼미에르를 정면에서 동일시하였을 때에 행하여졌다. 그리고 계몽에 결합되어 있는 '진보'를 철학과 밀착시키는 일은 장 달랑베르[3]가 드니 디드로[4]와 함께 편집을 맡은 방대한 『학술·예술 및 기술에 관한 백과전서(*Encyclopédie ou Dictionnaire raisonné des sciences, des arts et des métiers*)』[5]의 제1권(1751)에 달랑베르가 쓴 「서론」에서 행하여지기까지 되었다.

달랑베르가 「서론」에서 의도한 바는 『백과전서』 전체를 조감하는 지식의 틀을 보여주는 것이었다. 이러한 목적을 위하여 16세기 이후의 인간 지성의 「계보학」그리고 지식의 「진보」에 대한 역사적

본체가 아니라 동굴의 벽에 비치는 그림자밖에 볼 수 없는 사람의 그 편견과 무지를 가리킨다.
2) Bernard de Fontenelle, 1657년~1757년. 프랑스의 문인이자 과학자.
3) Jean d'Alembert, 1717년~83년. 프랑스의 수학자·물리학자·철학자. 젊을 때부터 수학에 관심을 가져서 22세에 「적분법에 관한 논문」을 발표한 데 이어 많은 논문을 발표하여, 1742년에 25세의 젊은 나이로 파리의 「과학 아카데미」 회원에 선출되었다. 『백과전서』를 디드로와 함께 부분적으로 편집하고, 수학 항목을 담당했다. 또 그 서문을 맡아 썼는데, 그 내용은 광범위한 분야를 망라했으며 명문으로 유명하다.
4) Denis Diderot, 1713년~84년. 18세기 프랑스를 대표하는 철학자의 한 사람으로서, 계몽사상가, 작가, 예술비평가. 그의 철학적인 관점은 당시 유행하던 이신론理神論이나 윤리적인 관념론과는 달리 오히려 유물론·무신론적이었는데, 변증법적인 요소도 잠재되어 있다. 문학·예술에 관한 저작으로서는 『라모의 조카(*Le neveu de Rameau*)』 등이 있다.
5) 원래는 1751년부터 1772년까지 도합 28권이 간행되었다. 주된 편집자는 오히려 디드로이고, 달랑베르는 부분적으로 디드로와 함께 편집을 담당하였다.

설명이라고 부를 수 있는 것, 이 둘을 제시하였다. 즉 관념이란 직접적으로 감각에서 유래하든가, 그에 이어지는 다른 여러 관념의 결합과 비교를 통한 반성에서 유래한다. 바로 앞선 시기에 "생득관념生得觀念이 존재한다"는 명제에 기하여 의문이 제시되고 있었다고는 하더라도, 지식이 감각으로부터 기원한다는 것은 고대의 철학에서, 나아가 스콜라철학에서도 인정되고 있던 진리이었다. 자연이 지배하는 영역에서 인간의 지식은, 수학에 의하여 질서가 부여될 수는 있다고 하더라도, 궁극적으로는 경험에 유래하는 것이다. 우리들 인간에 대하여 말하자면, 지식의 가장 중요한 분야는 자기 보존의 필요에 의하여 촉진되고 있는 부문이다. 그것은 인간의 의사소통수단으로서의 언어에 대한 연구, 경험을 기록하는 역사, 그리고 도덕과 정치학의 연구를 망라한다. 공작기술을 포함하여 기예技藝는 상상력으로 보완될 필요가 있으므로, 기예에 관련되는 경우에 한하여 감각만으로는 충분하지 않다. (그림 1)

지식의「진보」의 역사를 돌아본 달랑베르는 그에 앞선 세기, 즉 17세기의 영국의 철학자 베이컨과 뉴턴 그리고 로크를 지성이 감각에서 유래한다는 설명을 근대에 이르러 제창한 사람으로 인정하였다. 생득관념이라는 과오는, 아뿔싸, 프랑스의 철학자 데카르트와 결부되는 것이다. 그러나 새로운 세기에 프랑스인은 데카르트를 받아들이지 아니하고 감각에 기초를 두는 로크의 철학을 채용하였다. 당시 로크를 지지한 사람에는 볼테르와 몽테스키외, 콩디약, 그리고

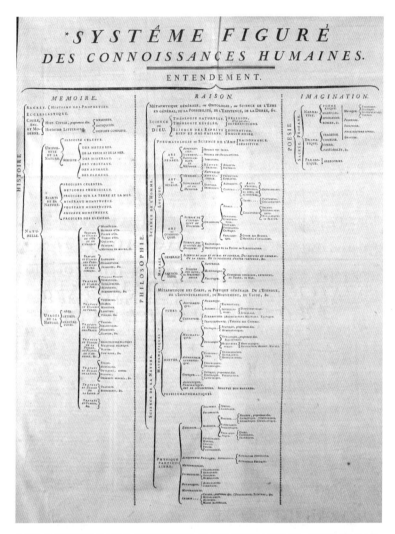

(그림 1) 달랑베르와 디드로의 『백과전서』에 의한 지식의 계보나무. 지식의 계보나무, 즉 「인간 지식의 체계적 기술記述」이라는 생각은 『백과전서』의 독창적 발상은 아니지만, 그에 좇아서 달랑베르는 도표적인 형태로 지성의 「계보학」을 제시할 수 있었다.

뷔퐁6)이 포함되어 있었다.

뤼미에르와 이러한 특정한 철학을 결부시키면서 달랑베르는 계몽을 '고대인'에 우월한 '근대인'이라는 가치평가적 명칭과 명시적으로 연결시켰다. 그가 이렇게 한 것은 그 시대의 이른바 '고대 · 근대 논쟁', 즉 문학 · 철학에 있어서 고대 그리스 · 로마와 근대 유럽 중 어느 편이 상대적으로 우월한가에 관한 논쟁에 관여하는 것을 통해서였다. 달랑베르는 근대적 사고에 일방적으로 기울어진 것은 아니었다. 그는 고대 철학도 지식이 감각에 유래한다고 했던 것, 그리고 고대인에의 동경이 16세기 「문예 르네상스」의 시대에 학문 탐구의 재생을 부추겼던 것을 인정하였다. 그러나 달랑베르가 옹호하였던 '철학'은 명백히 '근대인'의 철학이었다. 그는 같은 이유로 그 철학을 17세기의 '과학혁명'이라고 역사가가 부르는 것과 연결하고 있다. 오늘날에는 그 사용이 주저되고 있는 '과학혁명'이라는 말은 같은 시대의 사람들이 '자연철학'이라고 부른 것을 어떤 분야에서 확대하고 변화시킨 복잡한 과정을 지나치게 단순화하고 있다. 그러나 달랑베르가 확신하고 있었던 것은, 그와 가까운 시대에 있어서의 자연 이해에 관한 전진이 철학을 변모시켜 왔다는 것, 그리고 그렇게 함으로써 마찬가지로 인간 사회에 대한 탐구의 기초를 변화시켜 왔다는 것이었다.

---

6) Georges-Louis Leclerc, comte de Buffon, 1707년~88년. 프랑스의 수학자 · 생물학자이자 철학자.

그러한 결론에는 다른 두 사람의 철학자, 즉 콩디약 신부(Abbé Condillac, 1714년~80년) 그리고 스코틀랜드 사람 데이비드 흄(David Hume, 1711년~76년)이 이미 도달하고 있었다. 콩디약의 『인간 인식 기원론(*Essai sur l'origine des connoissances humaines*)』(1746년)과 흄의 『인간 본성론(*A treatise of human nature*)』(1739년~40년)은 관념의 감각적 기초라고 하는 로크가 주장한 바가 내재적으로 의미하는 것을 발전시킨 것이라고 저자 스스로가 밝히고 있다. 콩디약은 지성에 관한 자신의 설명을, 언어의, 따라서 모든 인간 문화의 기원에 대한 새로운 설명의 기초로 하였다. 다른 한편 흄은 새로운 '인간학'에 모자랄 것이 없는 것을 연구하여 제시한다는 자신의 야심을 드러냈다. 달랑베르가 「서론」을 쓰고 있을 때 그는 흄의 공헌을 명확하게 알았던 것은 아니지만, 철학을 계몽과 동일시하려고 한다는 달랑베르의 선택은 그 시대의 영국과 프랑스의 지적 문화의 지배적인 추세와 일치하는 것이었다.

당시에는 물론 다른 철학체계도 존재하였다. 특히 네덜란드의 유태인 철학자 바뤼흐 스피노자(Baruch Spinoza, 1632년~77년)의 유물론, 그리고 독일인의 박식가 고트프리드 라이프니츠(Gottfried Leibniz, 1646년~1716년)의 합리주의가 그것이다. 스피노자에 의하면, 신과 자연은 어떠한 '실체'의 다른 '양태'에 불과하다. 즉, 신은 자연의 모든 것에 나타나 있고, 자연은 신이다. 따라서 신은 자연에 대하여 외부의 '섭리'의 힘으로 작용하는 것이 아니다. 자연은 이미 그리고 항상 **자기 완결**하고 있다. 제2장에서 검토하고자 하는 바인데, 일부의 역사가들은 스피노자의 '일원론적' 형이상학과 종교 비판을 앞세우는 '근본주의적 계몽' 사이에 긴밀한 연관을 인정하려고 한다. 이에 비하여 라이프니츠와 그의 신봉자인 크리스티안 볼프(Christian Wolff, 1679년~1754년)는 자연의 힘과 인간의 행위는 인간의 이성을 통하여서만 접근할 수 있는 신에 의한 예정조화豫定調和의 바탕 위에서 서로 작용하고 있다고 하는 세계의 전체론적인 이해의 가능성을 지지하였다. 이러한 선험적인(a priori) 제1원리에 기한 형이상학의 가능성은 1780년대에 이마누엘 칸트(Immanuel Kant, 1724년~1804년)에 의한 새로운 '비판' 철학의 기초의 시발점이 되는 것이었다. (그림 2)

나아가 말한다면, 이 시대의 계몽과 철학의 새로운 결합은 달랑베르가 그려낸 것과는 다른 모습으로 나타났다. 1783년 전후가 되면, 독일어에서 '아우프클레룽'이라는 말은 매우 빈번하게 쓰이게 되어 있었다. 그러므로 『베를린 월보』의 어느 기고자는 "계몽이란 무엇인가?"라는 직설적인 물음에 명확한 답을 주는 것을 의도하였다.[7] 그 답은 압도적으로 계몽을 종교보다는 철학적 관점에서 접근하는 것이어서 철학의 일부를 이루는 것이었다. 당시의 주요한 유태

---

7) 이는 칸트가 정기간행물 『베를린 월보(Berlinische Monatsschrift)』의 1783년 겨울호(실제로는 1784년 초에 간행되었다)에 「계몽이란 무엇인가라는 물음에 대한 답(Beantwortung der Frage: Was ist Aufklärung?)」이라는 짤막한 글을 기고하여 실린 사실을 가리킨다.

(그림 2) 18세기의, 그리고 모든 시대를 통하여 가장 위대한 철학자의 한 사람인 이마누엘 칸트(1724년~1804년)는 현재의 칼리닌그라드, 당시는 동프로이센의 쾨니히스베르크에서 태어나고, 살고, 사망하였다.

인 철학자인 모제스 멘델스존[8]은, 계몽이란 이론적 지성을 가리키

---

8) Moses Mendelssohn, 1729년~86년. 독일의 유대인 계몽철학자. 작곡가 펠릭스 멘델스존의 할아버지이다. 유대인의 독일 시민사회에의 융합을 주장하였다. 신학 적으로는 이신론理神論에 서서 신앙의 자유를 주장하였고, 철학적으로는 감정 작용 의 독립성을 인정하였다.

는 것으로서, 문화와 교육에 대한 더 이상 없는 봉사자라고 보아야 할 것이라고 주장하였다.

그러나 가장 유명한 답은 이마누엘 칸트에 의하여 주어졌다. 칸트는 "계몽이란 무엇인가?"(1784년)에서, 계몽을 인류가 자신에게 부과한 미성년의 상태로부터 스스로를 해방한다는 목표를 달성하기 위하여 공공연하게 이성을 사용할 수 있는 자유를 가리킨다고 정의하였다. 여기서의 '이성'이란 칸트가 『순수이성비판(Kritik der reinen Vernunft)』(1781년)에서 그 대강을 제시하였던 철학을 염두에 둔 것이다. 그 저술에서, 칸트는 원인과 실체를 포괄하는 선험적 정언定言 명제를 구상 · 제시하는 그 이성이 인간이 물리적 세계와 정신세계의 쌍방을 이해하는 전제조건이라고 논하였다.

"계몽이란 무엇인가?"에서 칸트는 종교적 사항에 대하여 이성을 발휘 · 사용하는 것을 권하고 있지만, 그가 명백하게 의도하고 있는 바는 이성을 인류에게 이익이 될 수 있는 모든 주제에 적용하는 것이다. 이성의 '공적' 사용으로써 칸트는 출판물에서의 자유로운 표현을 의미하였다. 칸트는 그것을 공적 직위에 있는 사람, 즉 공무원, 성직자, 학자 그리고 시민 일반이 스스로의 직무상 요청을 충족한다는 '사적私的인' 의무와 대비하는 의미에서 사용하였다. 예를 들면, 성직자는 설교에서 자기 종교의 신조를 의심스럽게 하여서는 안 되고, 교수는 강의 중에 자신이 그 강좌를 맡을 자격에 의문을 제기될 수 있도록 하여서는 안 된다. 그러나 이들은 또한 일반적인 공공의 관심사에 관하여 동포 시민이나 국왕에 발언하는 자유를 가져야 한다. 멘델스존과 마찬가지로 칸트는 프로이센 왕 프리드리히 2세가 자신의 주장에 동조하고 있음을 확신하고 있었다. 그렇기 때문에, 칸트에 의하면, 현대는 "계몽의 시대, 즉 프리드리히의 시대"이다. 그러나 아직 "계몽이 완료된 시대"는 아니었다. 칸트는 프리드리히 2세의 후계자인 편협한 프리드리히 빌헬름 2세를 크게 신뢰하고 있지는 않았다. 계몽의 과정은 계속되어야 할 필요가 있었다.

[계몽이란 무엇인가 하는] 물음에 대한 칸트의 대답의 단순명쾌함이 계몽의 정의를 '간략하게' 칸트의 회답으로 하여금 대변하게 하려는 유혹을 자아내 왔다. 그러나 그것은 두 가지 이유에서 오류의 출발점이 된다. 첫째, 칸트가 독일어의 계몽(Auflärung)에 결부시킨 철학은 달랑베르의 그것과는 달라서, 칸트의 철학은 실제 지식이 경험으로부터만 도출된다는 견해에 대한 체계적 비판에 그 기초를 두고 있다. 그러한 점에서 그에 앞선 프랑스 사람들, 그리고 데이비드 흄은 이성이야말로 철학적 지식에 있어서의 열쇠라는 칸트의 확신을 같이하고 있지 아니하다. 아우프클레룽과 뤼미에르 양자 모두가 '철학'에 관련되어 있기는 하지만, 그것은 대체로 다른 철학인 것이다. 둘째, 칸트는 아우프클레룽에 하나의 과정이라는 특징을 부여하고 있고, 정관사를 붙이는 유한한 현상 내지 기간이라고 보지 아니한다. 정관사가 붙여진 '계몽'의 정의에 이르기까지에는 아직 거리가 있다.

이 점은, 100년 이상 지난 후에 영어의 계몽(enlightenment)과 이탈리아어의 계몽(illuminismo)이 비로소 쓰이게 된 때 그것이 독일어 아우프클레룽으로부터의 번역이었다는 사정에 의하여 두드러진다. 두 경우 모두 칸트나 헤겔의 계승자라고 자임하는 관념론 철학자들이 그 번역어를 만들어냈다. 그러나 그들의 용법은 상당히 비판적이 되어 있었다. 계몽의 철학 따위는 과거의 것이고 헤겔 철학에 의하여 이미 극복되었다고 여겨지고 있었던 것이다. 그와 같이 계몽을 정의하고 또 이의를 제기하는 것을 통하여 당시의 철학자들은 계몽이라는 개념을 보다 엄밀하게 파악하고, 그것이 다른 사상적 차원, 즉 종교적 · 문학적 또는 과학적 사상과 — 그것들의 간접적인 차원과는 별개라고 하여도 — 자의적恣意的으로 결합하는 것을 막으려고 하였다. 그러나 계몽이라는 주제에 대한 철학자의 관심은 줄어들지 아니하였고, 오히려 지금까지 이상으로 그들은 계속적으로 계몽을 추구하고 또 계몽에 도전하려고 하였다. 그 중요성에 대하여는 아래 제5장에서 다시 논하기로 한다.

'철학'을 뤼미에르와 관련지은 것에 대한 치열한 반대는 18세기 후반 프랑스의 필로소프(philosophes)[9]에 대한 매우 엄한 비판자인 반反필로소프들에 의하여 하나의 세력으로 대두되었다. 계몽이라는

---

9) 프랑스 그리고 그 후 유럽의 다른 여러 나라에서 '필로소프(philosophe)'는 18세기 프랑스의 문인, 철학자, 과학자로서, 그들 사이에도 개인적인 견해는 차이가 많지만, 인간 이성의 우월성과 효율성을 굳건하게 신봉하는 점에서 입장을 같이하는 일련의 사람들을 가리킨다.

술어를 체계적으로 사용하지는 아니하였으나, 그러한 비판자들은 명백하게 '철학'과 그 옹호자인 필로소프 내지 「백과전서파」를 무종교로, 그리고 프랑스 군주제의 사회정치질서에 대한 재앙으로 간주하였다. 공격은 일찍이 1760년대 초에 개시되어 1780년대에 들어서 급속하게 더욱 심해지고 1790년대에 정점에 달하였다. 그것은 '계몽'의 사악한 결론의 다수에 대하여 그들이 품은 엄청난 위구심이 정당한 것이었음을 혁명의 전개양상이 증명한 것으로 보였기 때문이었다.

특히 잘 알려져 있는 비판은 바뤼엘 신부[10]에 의한 것이다. 1797년에 그는 프랑스혁명은 반기독교적 필로소프에 의한 음모의 산물임에 틀림없다고 주장하였다. 이러한 내용의 비난은 1815년 나폴레옹의 패배와 부르봉왕조의 왕정복고 후에 그 격렬함을 더하여 다시 행하여졌으며, 그 후 50년 동안 알렉시스 드 토크빌(Alexis de Tocqueville, 1805년~59년)과 같이 리버럴한 역사가들까지도 이러한 틀을 사용하여 혁명의 지적 원천을 설명하였다. 토크빌은 음모라는 말을 쓴 것은 아니었으나, 필로소프나 지식인의 사고를 특징짓는 고도의 추상성이 프랑스 인민에게 위험할 정도로 비현실적인 '자유'에의 기대를 품게 하였던 결정적인 요인이 되었다고 믿고 있었다.

---

10) Abbé Barruel, 1741년~1820년. 프랑스 제수이트 교단의 신부.

역사적 재구성

역사적인 거리두기가 계몽 연구에 채택되기 시작한 것은 겨우 20세기 초엽에 들어와서였다. 귀스타브 랑송[11]과 그 제자 다니엘 모르네[12] 및 폴 아자르[13]에게 이끌려 프랑스의 문학사가들은 혁명의 '지적 기원'이라는 문제를 처음으로 학문의 대상으로 삼았고, 필로소프와 혁명을 단순하게 동일시하는 태도를 물리쳐 받아들이지 않았다. 1930년대에는 이탈리아의 역사가 프랑코 벤투리[14]와 같이 파시즘에 반대하는 젊은 저항자들이 『백과전서』의 지적 세계에 대한 탐구를 다시 개시하여, 디드로의 정치적 급진주의를 훨씬 건설적인 것으로 바라보았다. 이러한 새로운 시각이 보다 호의적인 바람을 얻어 성장한 것은 제2차 세계대전이 끝나고 나서의 일이다. 그것은 유럽대륙의 문학자나 역사가가 직전에 스스로 경험한 과거보다도 훨씬 나은 과거를 자신의 땅에 제공하려고 하였기 때문이었다. 그들

---

11) Gustave Lanson, 1857년~1934년. 프랑스의 문학사가 · 평론가. 이폴리트 텐 흐름의 실증적 비평방법을 발전시켜, 작품의 생성 배경을 중시하는 실증적 · 문헌학적 연구방법을 개척했다. 저서로는 오늘날도 판을 거듭하는 『프랑스 문학사 (*Histoire de la littérature française*)』(1894년)가 있다. 우리말 번역으로, 정기수 역, 랑송 불문학사(상)(하)(1997년, 2003년).
12) Daniel Mornet, 1878년~1954년. 프랑스의 문학사가, 비평가. 우리나라에는 그의 저서 『프랑스 혁명의 지적 기원』이 1993년 곽광수 · 이봉지 번역으로 출간되어 있다.
13) Paul Hazard, 1878년~1944년. 프랑스의 역사가, 문인.
14) Franco Venturi. 뒤의 주 17 참조.

은 19세기의 민족주의와 인종주의에 갈음하여 이제 더욱 매력적이게 된 18세기를 다시 돌아보고서 거기에 정관사가 붙은 '계몽'을 발견하였던 것이다.

그리하여 계몽이 학자나 일반 공중의 의식 속에서 드디어 스스로의 발판을 확립하고, 필로소프와 그 유럽에서의 동맹자가 전에 지지를 보냈던 광범한 사상운동과 동일시되기에 이르렀다. 이는 1950년대부터 60년대에 걸쳐서의 일이다. 그것이 학자 측으로부터의 회고적인 '구성'이었음을 인식하는 것이 중요하다. 그러한 재구성 내지 재구축에 근본적인 잘못 따위는 없다. 문학사가나 철학사가를 포함하여 역사가들은 그들 자신의 사고범주를 과거에 근거 두게 함으로써 과거를 의미 있는 것으로 하여야 하는 것이다. 「르네상스」, 「과학혁명」, 「계몽」은, 현재 쓰여지는 경우에도 그러한 바와 같이, 모두 역사가의 구성물이다. 그 중에서 계몽의 경우는 뤼미에르 또는 아우프클레룽이라는 말이 18세기에 이미 존재하였다는 사실이 역사가의 구성물인 터의 그 개념에 더욱 권위를 부여한다. 그러나 과거와 현재의 용어법은 같지 않다. 정관사가 붙은 '계몽'을 일단 다 구성한 후에는 역사가들은 그 말로 나타내게 한 사정들을 자유롭게 발전시키고 또 확장하도록 하여 왔다.

그 결과 계몽에 결부될 수 있는 사정은 뤼미에르와 아우프클레룽이 처음에 결부되어 있었던 사정을 훨씬 넘어서, 지리적으로도, 사회적으로도, 지적으로도 확장을 거듭하여 왔다. 계몽의 지리地理

는 처음에는 단순한 것으로 보였다. 뤼미에르는 파리로부터 외부로 퍼져 나가고, 아우프클레룽은 독일어권의 일단의 도시, 즉 베를린, 괴팅겐, 나아가 쾨니히스베르크(칸트의 고향으로서, 오늘날은 칼리닌그 라드라고 불리고 폴란드와 리투아니아에 둘러싸인 러시아의 멀리 떨어진 영토 이다)에 모습을 나타냈다. 그곳에서의 계몽의 구현에 어떠한 인물을 결부시키는 것이 가능하다고 한다면, 그것은 서신 교환의 상대방이 든지 손님으로서이고, 예를 들면 데이비드 흄이라든가, 이탈리아의 체사레 베카리아[15] 또는 페르디난도 갈리아니[16]를 들 수 있다.

이러한 과제에 처음으로 도전한 인물이 대단히 위대한 계몽사 가啓蒙史家 프랑코 벤투리[17]이었다. 그는 1953년에 18세기 중엽부터 후반까지 사이에 계몽주의적 개혁의 기치를 내걸었던 이탈리아 출신의 사람을 다수 밝혀내고, 이들을 서로 연관짓는 작업을 통하여 자기 나라의 계몽(illuminismo)에 주의를 기울여야 함을 동포들에게 호소하였다. 10년 후인 1963년에 제네바에서 제1회 국제계몽회의

---

15) Cesare Beccaria, 1738년~94년. 이탈리아의 법학자 · 경제학자. 저서로는, 근대 형법 사상의 기초를 마련한 『범죄와 형벌(Dei delitti e delle pene)』이 있다. 한 인섭 신역이 2010년 출간되었다. 뒤의 주 132 본문도 참조.

16) Ferdinando Galiani, 1728년~87년. 이탈리아의 경제학자로서 앞의 베카리아와 함께 이탈리아에서의 계몽사상의 대표자. 뒷날 니체는 그를 "그 시대의 가장 심중 하고 날카로우면서도 가장 괴팍스러운 인물"이라고 평가하였다.

17) Franco Venturi, 1914년~94년. 이탈리아의 역사가, 에세이스트. 토리노 대학교 교수인 벤투리의 계몽에 관한 대표적인 저작은 『개혁의 18세기(Settecento Riformatore)』이다. 이는 1969년부터 1990년 사이에 다섯 개의 부로 나뉘어 간 행되었는데, 제4부와 제5부는 각각 2책으로 되어 있으므로 도합 7책으로 구성되 어 있다. 영어로는 『구체제의 종식(The End of the Old Regime in Europe)』이 라는 제목 아래 1989년부터 3권으로 번역 · 출간되었다.

가 개최되어, 계몽연구에 있어서 중심에 집중하는 종전의 태도에서 벗어나는 경향이 강화되었다. 그로부터 얼마 안 되어 계몽은 그 연구에 있어서 국가 차원의 문맥의 범위에서, 즉 스페인이나 스칸디나비아 여러 나라, 스코틀랜드 또는 동유럽, 그리고 북아메리카 식민지에서도 이를 발견할 수 있게 되기에 이르렀다. 일시적으로나마 잉글랜드가 홀로 따로 남겨져 있는 것처럼 보인 것은 사실이지만, 1980년에 들어와서 그곳에서의 역사가들은 서둘러 그 뒤떨어진 상태를 개선·보완하였다.

최근에는 다시 '국가 차원을 넘은' 계몽, 즉 사상과 행동양식, 그리고 인간들 자신의 경계 초월을 가능하게 하는 방도 쪽으로 주의가 옮겨가고 있다. 가장 새롭고, 또 극히 야심적인 것은 남북아메리카, 인도, 중국을 포섭하는 '글로벌한' 계몽이라는 전망이다. 거기에서는 유럽의 상인이나 학자나 선교사가 가져온 사상이 고대 아메리카 문명의 잔존물, 크레올 바로크,[18] 이슬람과 힌두의 종교문화, 그리고 유교와 대화를 시작한 것으로 생각된다.

같은 종류의 압력이 계몽의 사회적 차원을 떠밀어 넓혀 왔다. 필로소프의 '고상한' 계몽에만 초점을 맞추는 것에 만족하지 못하는 학자들은 로버트 단턴[19]을 그 모범으로 삼아서 싸구려 대중문학[20]

---

18) Creole Baroque. 유럽에서 17세기부터 18세기 중엽까지 번성하였던 바로크 문화가 유럽인들이 진출한 다른 나라 또는 대륙에서 그 고유의 문화와 섞여 이루어진 문화, 즉 잡종 바로크 문화.
19) Robert Darnton, 1939년~ . 우리나라에서 출간된 그의 저술의 번역서 등에 대하여는 뒤의 주 158 참조.

에 나타나는 '저속한 생활'이나 앙시엥 레짐기의 프랑스의 출판과정을 탐색하여 왔다. 다른 학자들은 입장료나 회비를 낼 수 있는 사람들 전부가 이러저러한 사상에 대하여 서로 의논할 수 있는 일상적인 사교장, 즉 커피하우스, 독서클럽, 「풍속·농업·공업 개량 협회」에 대하여 계속적으로 연구하여 왔다. 그 중에서 가장 중요한 것은 계몽에 있어서의 여성의 일이 남성 필로소프를 위한 살롱에서 소극적인 호스티스 역할에 한정되어 있었는지 여부를 학자들이 문제로 하여 왔다는 점이다. 연구는 점차로 사상 그 자체에는 초점을 맞추지 않게 되었다. 연구에서 문제가 된 것은 사상이 누구를 포함하여 대상으로 삼았는가(뒤집어 말하면, 누구를 배제하였는가), 그리고 새로운 사상을 흡수한 사람들은 어느 정도까지 문화적·사회적 또는 정치적 변화의 폭넓은 과정에서 능동적 참여자가 되었는가 하는 점이다.

인플레이션의 압력은 계몽의 사상사까지도 그 대상으로 삼기에 이르렀다. 필로소프가 관심을 가지는 영역 또는 『백과전서』가 다룬 영역에 포함되는 주제 하나하나에 주의를 기울이게 되어서, 역사자들이 계몽의 영역에서 지적 활동의 특정한 분야를 제외하는 것이 점점 적어지게 되었다. 특히 과학사가들은 자신들의 주제가 거기에 포함되어야 한다고 줄곧 주장하여 왔다. 앞의 세기로부터 계승되어 온

---

20) 저자는 원문에서 '그러브가(Grub Street) 문학'이라고 말하고 있다. 19세기 초엽까지 그러브 거리는 런던의 빈민가인 무어필즈(Moorfields) 구역에 가까이 자리하여, 부랑자들이 많이 드나들었다. 그 주민 중에는 빈한한 문인들이 적지 않았는데, 그들은 그리 질이 좋다고는 말할 수 없는 소설·시·만담 등으로 생계를 유지하였다.

이 사상의 전통이 분명히 나타난 결과, 계몽에 독특한 일군의 사상을 구별해 내는 것이 어렵다는 결론이 강조되어 있다. 존 포코크[21]가 그러한 대로, 다수의 역사가들은 오히려 비트겐슈타인의 언어이론으로부터 용어를 빌어 사고하기를 시도하고 있다. 그리하여 계몽에 대한 여러 가지의 논구라고 하는 하나의 '가족'에 대하여 말하려고 하는데, 이에 있어서는 서로 중첩되기는 하지만 모두에 공통하는 요소는 전혀 존재하지 않는 것이다.

계몽이라는 것이 역사가의 구성물이기 때문에야말로 근대의 학문적 관심이 변화하고 이동하는 것에 좇아서 스스로를 넓혀 가는 것이 허용되어 왔다. 그것은, 계몽이 구하는 정도로 진보적인 것은 항상 새롭고 또는 흥미를 끊임없이 자극하는 사상을 전개하고 있을 뿐만 아니라, 18세기에 볼 수 있었던 대의명분을 남김없이 포함하는 것으로 계속하여 있어야 할 것이라고 우리는 생각하고 있다고 말하여도 좋을 것이다. 그러한 다양성에 접한 많은 학자가 하나의 계몽, 즉 정관사가 붙여진 계몽을 생각하는 것 따위는 불가능하게 되었다는 결론에 도달하였다고 하여도 놀랄 일은 못 된다. 계몽의 일관성에 대한 압력을 견디기 어렵게 되는 정도까지 도달하였기 때문에, 계몽의 구성 내지 구축은 말하자면 그 탈구축에 여념이 없게 된 터이다.

그러나 이 책은 그러한 학자들이 궁여지책으로 짜낸 방책에 기초를 두고 저술된 것은 아니다. 우리들은 계몽에 지나친 기대를 걸

---

21) John Pocock, 1924년~ . 뉴질랜드의 정치사상사가.

어 왔음을 인정하지 않을 수 없다. 또 계몽은 항상 새로운 사상을 포용하였던 것은 아니며 그 시대마다의 대의를 예외 없이 앞으로 진전시켰다고도 할 수 없다는 것도 받아들여야 한다. 그러나 이 책에서는 계몽을 18세기에 특징적인 지적 운동, 즉 이 지상에서의 인간의 처지를 보다 잘 이해하고 나아가 그 이해에 바탕하여 인간이 처한 바를 실천적으로 진보시키는 것을 도모하는 운동이라고 하는, 보다 한정된 기초 위에 재구축할 수 있을 것이다.

이하에서 나는 이 계몽의 정의를 바탕으로 서술하려고 하며, 또한 이 정의를 옹호하려고 애쓰려 한다(계몽 앞에 놓인 정관사를 문제삼는 학자도 있지만, 나는 운동으로서의 계몽을 논의하는 경우에는 이를 그대로 쓰려고 한다. 그러나 과정으로서의 계몽에 언급하는 경우에는 정관사를 생략한다). 논의는 3개의 주된 장에서 행하여진다. 제2장과 제3장은 계몽의 지적 내용을 다룬다. 한편으로, 종교와의 투쟁—이것은 종종 상정되었던 것보다 결정적이지는 않았다—을 통하여, 다른 한편으로 도덕이나 역사적 사회나 정치경제의 연구를 통하여 인간의 향상을 위한 조건을 이해하려고 한 계몽사상사들의 노력을 서술한다. 제4장은 계몽의 사회적 문맥에 대하여, 즉 계몽이 출판업자로부터 얻은 지원이나 계몽저술가가 '일반 대중'에 손을 뻗으려 하거나 '여론輿論'을 형성하려고 하는 때에 쓴 수단에 대하여 검토한다. 이는 결국은 정치에의 새로운 접근법을 꾸며내기에 이르게 된다고 말할 수 있는 것이다. 그러나 1789년의 혁명으로써는 그 목적을 이루는 것이 결코 아니고, 오히려 배척당하여 간단히 물리쳐지는 바이다.

이들 장에서 제시되는 계몽은 브리튼 섬으로부터 트랜실바니아, 그리고 발트해로부터 지중해에까지의 유럽 전부에 미치는, 하나의 유럽적 현상이었다. 나아가 대서양을 횡단하여 남북아메리카의 유럽식민지에 도달하고, 또 대서양으로부터 인도양과 태평양 쪽으로 향하고, 거기서 인도나 중국의 문화와 만나게 되는 하나의 현상으로서의 그 계몽이었다. 그런데 나는 어디까지나 유럽 세계의 한 현상으로서의 계몽을 제시하려고 한다. 설사 유추나 번안을 통하여 중국이나 남아시아 토착의 계몽을 구성하는 것이, 또는 이 현상을 유럽 내지 세계의 역사에서 전적으로 별개의 시대로 옮기는 것이 가능하다고 하더라도, 이러한 일은 남에게 맡기기로 한다. 나는 여기에서 그것을 시도할 생각은 없다. 좋든 나쁘든, 계몽은 유럽의 창조물이고 그 유산이다.

그러나 제5장에서는 계몽이 철학자나 역사가의 손으로 어떻게 다양하게 묘사되어 왔는가를 회고하여 보는 것으로 그 유산의 평가를 시도하는 작업이 될 것이다. 근년 역사가들은 계몽의 '근대성'을 특히 강조하고 계몽이 "여전히 문제가 된다"고 주장하는 경향이 있다. 그렇게까지 많은 철학자들이 의견을 달리하여 온 이유를, 그리고 계몽을 상찬의 대상으로 하는 것 이상으로 비판의 대상으로 하여 온 이유를 이해하는 것은 역시 중요하다.

제 2 장
종교와의 관련

계몽은 종교에 적대적이라고 널리 믿어지고 있다. 계몽사상가가 종교를 비합리적인 망상으로 비난한다고 여기고 그들이 종교 일반을 배척하고 있다고 때때로 생각되는 것이다. 보다 일반적으로 믿어지고 있는 바에 의하면, 계몽은 특히 미신에 적대적이며 따라서 로마카톨릭교회에 적대하고 있다, 계몽은 관용의 가치를 신봉하고 있다, 그리고 계몽은 성직자의 권력과 부를 비난하고 있다는 것이다. 그러나 그것이 일반적인 것으로 해석되고 있든, 특수한 것으로 해석되고 있든, 계몽의 종교에의 적대는 '세속화(secularization)'의 역사 속에서의 획기적인 사건이라고 널리 생각되고 있다. 여기서 '세속화'라고 함은 종교의 엄격한 실행이 사회생활의 필요한 차원이라고 하기보다 임의의 차원이라고 여겨지기에 이르는 과정을 가리킨다.

그러나 실상은 이와 같이 판에 박힌 생각이 인정하는 바와는 훨씬 복잡하다는 것을 얼마 전부터 연구자들이 지적하여 왔다. 아무리 엄격하게 보더라도 계몽은 종교에 대하여 일정한 폭이 있는 태도를 취할 수 있다. 계몽을 종교적 신조의 합리성과 일관성에의 근본적인 비판과 동일시할 수 있기를 여전히 희망하는 사람들은 이제는 그러한 비판을 특별히 '과격한 계몽'과 결합시키고 있다. 이러한 견해를 가장 열심히 주장하는 조너선 이스라엘[22]이라면 과격한 계몽을 오로지 무신론, 예를 들면 스피노자의 형이상학과 연관지어 그에 귀속시킬 것이다.

이와 대조적으로 다른 연구자들은, 계몽은 프로테스탄트 이단파의 보다 지성적인 계보 또는 카톨릭 개혁파의 흐름에 연유하는 것으로서 독자적인 '종교적 기원'을 가진다고 주장한다. 그들은 종교의 역사 또는 그 사회적 역할에 대한 계몽의 관심이나 교의의 차이에 대한 관용에 대한 계몽의 기여는 이러한 기원에서 유래한다고 설명한다. 계몽와 연결지어질 수 있는 많은 사람은 명백하게 신앙을 유지하고 있었으므로, '종교적 계몽'이라는 관점에서 고찰한다고 해서 모순이라고 할 수 없다는 것이다.

종교에 대한 계몽의 태도를 결정한다는 문제는, 계몽에 특징적인 관심이 18세기 훨씬 전부터 어느 정도 나타났는가에 의하여 더욱

---

22) Jonathan Israel, 1946년~ . 역사, 계몽 및 유럽의 유태인을 주된 연구의 대상으로 하는 영국 출신 학자. 그 전에 영국 런던의 유니버시티 칼리지의 역사학 교수이었는데, 2001년에 미국 프린스턴 대학교의 「고등학술연구원(Institute for Advanced Study)」의 교수로 임명되었고 2016년에 퇴직하였다.

복잡하게 된다. 종교의 역사를 비판적으로 탐구하는 작업은, 관용에 찬성하는 주장 또는 교회의 국가에의 종속에 찬성하는 주장과 함께 17세기 중에 이미 찾아볼 수 있다. 이러한 연속성을 인정하는 하나의 방법은 지금까지는 17세기 말과 18세기 초엽을 잇는 '초기 계몽(early Enlightenment)'의 관점에서 고찰한다는 것이었다. 이하의 논의에서 나는 이 방법적 시사점을 채택하는데, 동시에 유보를 가한다. 분명히 그러한 관심은 1700년경에 강하여졌다. 그러나 계몽의 '과격한' 부분과 '종교적' 부분 사이에 선을 그어 나누는 것은 상상 이상으로 곤란하다. 계몽이 종교와 관련되어 있다는 관점은 탐구와 논의의 기존 노선, 특히 종교의 역사적 탐구수법을 채용한 노선을 확고하게 한다는 것을 의미한다. 그러나 이들 노선은, 내세의 관점에서야 어떻게 보여지건 간에, 이 세상에서의 생활의 가능성을 희생하는 것을 거부하고서 비로소 설정되고 있었던 것이다.

계몽의 종교에의 관련은 3개의 부분으로 나누어지는데, 이들은 연속적으로 다루어진다. 제1의 부분은 종교의 본질에 관한 역사적 탐구이다. 이는 유태교와 기독교에 고유한 계시적이고 신성한 역사뿐만이 아니라, 보편적이고 '자연적인' 역사를 가지는 현상으로서도 이해되는 바이다. 제2의 부분은 관용에 찬성하는 주장의 전개이다. 그리고 이 둘을 결합하는 것이 제3의 부분이다. 즉 신성한 것과 세속의 관계에 대하여 고찰하는 것으로서, 이 역시 점차로 역사적으로 탐구하도록 되어 갔다.

17세기 자연종교와 계시종교의 탐구

종교의 역사와 역할에 대하여 17세기에 행하여진 탐구와 계몽의 탐구 사이의 연속성을 이해하는 열쇠는 자연의 차원과 계시의 차원을 구별하는 것이다. 자신들의 종교가 계시종교이고, 신의 말씀인 성서에 기록되어 있는 계시를 통하여 인류는 그리스도의 희생이 신의 은총의 작용에 의하여 인류의 구제의 가능성을 확보하였음을 알 수 있다는 것에 모든 기독교인이 동의하였다. 나아가 기독교도는 신이 인간들에 대하여 그가 만들어낸 자연질서 가운데서 살도록 명하였다는 것에 동의하였다. 자연의 질서는 '자연법'으로 알려진 그 자체의 행동규범을 가지고 있다. '자연법'은, 그들이 모세가 히브리사람들을 위하여 중개하고 그리스도가 모든 인류를 위하여 언명한 계시를 인정하는지 여하를 불문하고, 모든 인류에 적용되는 것이다. 자연법에 좇는다고 해서 그로부터 구제가 당연히 도출되는 것은 아니다. 그럼에도 불구하고 자연법은 인류가 그로 말미암아 창조되었음을 이유로 하여 신에 대하여 지는 의무인 것이다.

자연을 계시로부터 구분함으로부터 도출되는 귀결은 법만이 아니라 종교 그 자체도 인간에 있어서 보편적이고 '자연적인' 것으로 여겨질 수 있다는 것이었다. 모든 인간이 자연법에 따른다고 상정할 수 있기 때문에야말로, 모든 인간은 특정한 계시의 은혜를 입는지 여부에 관계없이, 스스로 종교의 신앙을 고백하고 신에 경배한다. 이러한 관점에서 보면, '자연종교'는 신과 인간의 관계에 관한 명제임과 동시에 인간의 종교적 실천의 서술이기도 하였다.

전자의 관점에서는 자연종교는 계시와 양립할 수 있는 것으로 상정되어 있었다. 양자는 모두 세계 그리고 모든 생명은 신의 '창조물'임을 인정하는 것이 되는 것이다. 그리고 일부의 고대 그리스 철학자가 주장하는 바와 같이, 물질은 항상 존재하는 것은 아니라는 셈이 된다. 나아가 말하자면, 창조자인 신이라는 명제는 17세기 과학에서의 여러 발견에 의하여 그 정당성을 상실하기는 커녕 오히려 강화된다. 즉 인간의 자연에 대한 이해가 보다 범위가 넓어지고 또 상세하게 되면 될수록, 자연은 신의 원초적 설계의 증거를 더욱 많이 제공한다. 이러한 귀결은 빈번하게 주장되었는데, 그 중에서도 뉴턴은 가장 권위 있는 것이었다. 스피노자와 같이 그러한 주장에 이의를 제기하고 물질의 항구성을 믿었던 사람들까지도 신과 자연을 동일시하는 바탕 위에서 이를 말하였다. 스피노자의 용어로 하자면 신과 자연은 유일한 '실체'의 두 개의 '양태樣態'에 불과하다. 스피노자의 유물론은 기독교도인 자연철학자의 대다수에 대하여 강하게 이의를 제기하는 것이었음에도 불구하고 그를 자연신학의 주장자라고 일컫지 못하도록 하는 것은 아니었다.

후자의 관점에서는, 자연법을 인간 이성의 표현이라고 하는 것과 같이, 자연종교는 종교적 실천의 서술이라고 매우 무난하게 설명되었다. 그러나 자연종교는 마찬가지로 인간의 정념의 표현으로서도 설명되는 일이 있었다. 자연법의 경우도 그러하였던 대로, 고대 철학과 시는 자연종교적 신앙의 사례를 풍부하게 제공하여 주었다. 많은 사례가 종교는 미지의 힘에 대한 공포의 산물이라는 에피쿠로스주의의 신념을 예증例證하여 주었는데, 이러한 신념은 로마의 시인 루크레티우스에 의하여 세심하게 갈고 닦아졌다. 자연종교적 신앙의 다른 발현으로서, 고대에는 위대한 남녀를 숭배하고 그들이 자연사한 후에 또는 그 전에까지 그들을 신격화하는 경향이 존재하였다. 이러한 흐름은 「신화사실설神話史實說(euhemerism)」[23]이라고 알려져 있다.

물론 십계명의 제1계와 제2계에서 모든 이단의 종교적 실천은 '우상 숭배'라고 지탄되고 있어서[24] 기독교에서는 오랫동안 이들을 악마가 꾸민 일로 비난하여 왔다. 그러나 우상 숭배를 — 악마적인 것이라고 하기보다는 오히려 — 자연종교의 발현으로 설명하는 것은 반드시 계시를 해치는 것은 결코 아니다. 자연종교에의 관심이 커지는 것이 기독교의 진리의 우월에 대한 확신을 약하게 한다는 생

---

23) 유헤메리즘이란 신화에 대한 입장의 하나로서, 신화를 구성하는 이야기들은 실제의 역사적 사실이나 인물에 그 연원을 가진다고 보는 견해. 다시 말하면 이 견해는 신화에 대한 '역사학파'라고 부를 수도 있는데, 그에 의하면 역사상의 사건이 전승되는 과정에서 그때마다의 시대나 문화의 영향을 받아 이를 신화로 구성하게 된다고 한다. 이 명칭은 기원전 4세기에 그리스 신화를 수집·정리한 에우헤메루스(Euhemerus)에 연유한다.
24) 십계명의 제1계는 "야훼 이외의 다른 신을 섬기지 말라"이고, 제2계는 "우상을 섬기지 말라"는 것이다.

각은 한참 핵심을 벗어난다. 반대로 이교도의 신앙이나 실천을 '자연적인' 것으로 이해함으로써 비유럽세계에로 향하는 기독교 선교사는 일관된 개종의 전략을 훨씬 쉽게 고안할 수 있게 되었다. 다른 한편 학자들 사이에서는 모든 인간은 원래부터 종교적이라는 생각에 의하여 종교의 비교연구에의 관심이 높아졌다. 그 연구는 기독교(그리고 아마도 유태교와 이슬람교) 이외의 모든 종교를 악마의 앞잡이라고 보는 한에 있어서는 기독교도에게는 허용되지 않고 닫혀져 온 탐구의 한 형식이다.

카톨릭 교도와 프로테스탄트 교도 쌍방에 있어서 자연이라는 제목 아래 행하여지는 도덕적·종교적 탐구의 범위를 확대하는 것이 가능하다고 한다면, 계시의 문제가 보다 결정적인 것이 된다는 점은 별로 놀랄 만한 것이라고 할 수 없다. 그러나 이 경우에도 17세기가 끝날 무렵까지에는 다시 역사가 뒤집혀졌다. 그때까지 프로테스탄트와 카톨릭은 은총에 대한 이해 및 구제에 대한 인간의 잠재적 기여에 대한 이해를 둘러싸고 서로 입장이 나뉘었고, 또 자신 안에서도 명백히 분열되어 있었다. 그들은 여러 가지의 차이를 분명하게 하기 위하여 초기의 교회, 특히 교부敎父에로 돌아갔는데, 그때 역사적 어프로치가 그들의 차이를 한 눈에 드러내 준다는 것을 발견하였다. 그러한 인식은 그리스 로마나 근동의 고대 철학의 역사에 의하여 더욱 촉진되었다. 이러한 역사는 혼의 불멸이나 삼위일체와 같은 기독교의 보다 복잡한 교리의 일부가 그 형이상학적 기초를 이교異

敎의 원천에서부터 빌려왔다고 하는 인식에로 이끄는 것이었다. 특히 소치니주의자[25)]와 같은 일부의 사람들은 그리스도가 신이라는 것까지도 의심함으로써 그 연구로부터 이단적 결론을 이끌어냈다. 그러나 그 주요한 결론은, 교의의 차이는 기독교에서 주기적으로 발생하는 특징이며, 또한 그 차이는 그 역사를 통하여서야말로 가장 잘 접근·이해할 수 있다는 사실을 보여 주었다.

계시의 역사적 재평가는 같은 정도로 중요한 이유로 다른 사람에 있어서 필요한 것이 되었다. 은총과 그와 관련되는 교의에 대한 이해가 단편화斷片化하였을 뿐만 아니라 계시의 자료적 근거인 성서 자체가 그 정신적 바탕으로부터 해방되기도 하였기 때문이었다. 종교개혁 이후 프로테스탄트와 카톨릭 쌍방에서 성서와의 정합성을 주장하고 있었다. 개혁파는 그들의 성서 번역에 의하여 신앙자가 신의 말씀에 직접 접하게 되었다고 주장하였다. 이에 응답하여 트리엔트 공의회는 히브리어로 된 '구약성서'와 그리스어로 된 신약성서를 바탕으로 한 히에로니무스의 라틴어 번역인 불가타성서에 로마 카톨릭 교회의 권위를 부여하였다. 그러나 17세기 후반이 되면 성서학자들은 점점 더 성서 원전의 안정성과 해석에 이의를 제기하게 되었다. 그 과정은 17세기가 끝나기 전 20년 사이에 두 사람의 프랑스인 학자, 즉 카톨릭의 리샤르 시몽[26)]과 프로테스탄트로서 네덜란드

---

25) 파우스토 소치니(Fausto Sozzini, 1539년~1604년)의 종교적 주장에 따르는 사람들. 소치니는 삼위일체를 물리치고 그리스도만을 신으로 하였으며, 교회와 국가의 결합을 부정하였다.

로 망명한 위그노교도인 장 르 클레르크[27]에 의한 성서 비판의 주요 작품이 출판됨으로써 그 정점에 달하였다.

문제는 많이 있었다. 권위 있는 『구약성서의 비판적 역사(*Histoire critique du Vieux Testament*)』(1678년, 1684년)에서 시몽이 서술한 바에 의하면, 성서의 원전은 존재하지 아니한다. 따라서 가장 앞선 것으로 알려진 히브리어와 그리스어에 의한 텍스트의 신뢰성을 확보하는 데 필요한, 그리고 원전의 변조가 있을 수 있다는 모든 가능성을 검증하는 데 요구되는 표준은 없는 것이다. 성서의 저자가 누구인가, 그것은 성서의 표제로부터 저자를 추정할 수 없는 까닭에 제기되는 제2의 문제이었다. 특히 모세가 그 5서[28] 모두를 썼다는 것은 있을 수 없을 터이었다. 성서가 쓰여진 언어에 대하여는 더욱 복잡한 문제가 있었다. 구약성서에는 그리스어판과 히브리어판이 있을 뿐만 아니라, 후대에 히브리어판에 가하여진 모음부호가 원래의 의미를 그대로 살리는 것이었는지에 의문이 제기될 여지가 있었다. 르 클레르크의 연구는 특히 히브리어의 용법이 시대에 따라 변하였다는 것, 그리하여 성서의 원전이 다른 시대의 자료들의 복합물인 것을 시사하였다. 마지막 난점은 성서의 연대에 대한 것이다. 판마다 세계의 연령의 계산을 달리하고 있을 뿐만이 아니었다. 실제로

---

26) Richard Simon, 1638년~1712년. 그는 프랑스어 성서 원문에 대한 비판적 연구의 창시자로 여겨진다.

27) Jean Le Clerc, 1657년~1736년. 제네바의 목사이었다.

28) 『모세 5서(Pentateuch)』, 즉 구약성서의 창세기, 출애굽기, 레비기, 민수기, 신명기를 가리킨다.

창조로부터 그리스도 탄생까지의 기간은 약 4천년에서부터 7천년까지 여러 가지로 추정되고 있었고, 그뿐만 아니라 성서의 연대기 각각은 서로 아귀가 맞지 아니한다는 것이 명백하게 되었다.

이와 같은 인식은 그 함의하는 바가 잠재적 가능성으로서는 실로 중대하였다. 여러 판이 존재하는 복합적인 텍스트로서의 성서는 하나의 의미만을 가지는 신의 말은 아니었다. 계시는 일관된 자료상의 근거를 가지지 못하였다. 오히려 일정한 폭을 가지는 결론을 이끌어낼 수 있으리라. 시몽은 카톨릭교회가 정통적이라고 선언할 수 있는, 성서의 새로운 교정판을 만들어내고자 하였다. 그러나 그러한 생각은 지나치게 낙관적인 것이었다. 1680년대에 로마카톨릭교회 당국은 성서 연구의 성과를 모두 거부한다고 결정하였고, 시몽의 저작은 금서목록에 올라가게 되었다. 르 클레르크는 후고 그로티우스(1583년~1645년)에 좇아서 성서를 역사상의 특정한 종교에 있어서 하나의 역사적인 텍스트로 간주하였다. 즉 성서의 의미에 대하여 계속 논의하면서 그것을 독단적인 기정사실로 받아들이지 않은 것이 기독교도의 의무라는 것이다. 그러나 그도 역시 정통파로부터의, 즉 머리가 굳어진 칼뱅주의자로부터의 반대에 처하였다.

성서의 역사적 특수성은 히브리인의 이웃이고 때로는 지배자이었던 이집트인, 그리고 칼데아인이나 아시리아인과 같은 고대 근동의 다른 여러 민족[29]에 관한 새로운 연구에 의하여 보강되었다. 이

---

29) 칼데아(Chaldea)나 아시리아(Assyria)는 기원전 시대에 현재의 이라크나 쿠웨

들 여러 민족은 모세에 의한 창조의 이야기가 허용하는 것보다 더 오래 전의 세계를 보여주는 다른 연대기를 가지고 있었다. 그러나 이들 연대기는 고대 그리스의 여러 저작에서 발견되는 연대기와 함께 성서상의 연대기의 이해를 보조하는 자료가 될 수도 있었다. 즉 일관되어서 논리가 통하는 서술을 얻기 위하여는 신성한 근거와 이교도의 근거를 함께 조합할 필요가 있었음은 명백하였다. 이들 연구 지식을 남긴 저자 중에는 존 마셤,[30] 존 스펜서,[31] 토마스 하이드[32] 나 토마스 스탠리[33]와 같은 영국의 학자들이 유명한데, 이들 연구가 성서의 토대를 뒤엎는다고는 여겨지지 않았다. 오히려 그들은 종교의 비교연구를 위한 소재를 제공하였을 뿐만 아니라, 성서를, 그리하여 계시를 역사적 시야에서 이해하는 경향을 강화하였다.

초기 계몽

이러한 지향에 선 탐구에의 관심은 1700년 전후에 강화되었고,

이트 등의 근동 지역에서 번성하여 나라를 건설하였던 셈 계통의 민족 또는 그 나라를 가리킨다.

30) John Marsham, 1602년~85년. 영국의 연대기 저술가. 일시적으로 영국 하원의 원이기도 했다.

31) John Spencer, 1630년~93년. 영국의 목사, 신학자이면서, 캠브리지 대학교 코퍼스크리스티 칼리지의 학장이기도 했다. 대표적인 저서로 비교종교학의 『히브리의 율법(De Legibus Hebraeorum)』이 있다.

32) Thomas Hyde, 1636년~1703년. 영국의 오리엔트학자.

33) Thomas Stanley, 1625년~1678년. 영국의 문인, 번역가.

일정한 경우에는 새로운 비판의 도구가 되었다. 그러나 '초기 계몽'에서의 종교의 비판자는 각자의 주장이 서로 크게 다르고 또한 근본주의적인 동기를 품고 있지 아니한 앞선 시대의 연구에서 때로는 많은 것을 이어받았다.

성서 연구의 성과의 잠재적 가능성을 처음으로 발견한 사람의 하나는 『신학정치론(*Tractatus theologoco-politicus*)』(1670년)의 스피노자이었다. 스피노자에게 성서란 주로 히브리어 성서를 의미하였는데, 그 성서가 모세 또는 성서에 그 이름이 붙어 있는 사람들에 의하여 쓰이지 않았다는 것은 스피노자에게는 분명하였다. 그리하여 성서는 바빌론 포로 시절 뒤에 고위 사제 에즈라에 의하여 편찬되었다고 하였다. 성서는 그 자체로 어떤 특정의 민족, 즉 고대 히브리인에 대한 역사 서술로, 그리고 또한 고대 히브리인이 스스로 만들어낸 법에 대한 역사 서술로 읽혀야 할 것이었다. 그러나 고대 히브리인의 서술을 신의 말씀으로 여김으로써 히브리 사람들은 성서를 신에 대한 경배와 복종을 가르치는 교범, 바꾸어 말하면 사회적(sociable) 생활의 전제조건인 정의와 이웃사랑의 가르침의 교범으로 삼았다. 성서는 신에 대한 진정한 지식을 전하는 것이 아니다. 그러한 지식은 자연에 대한 철학적 이해를 통하여서만 얻을 수 있다. 성서의 중요성은 오히려 신성한 **역사**라는 점에 있었다. 유태교도와 기독교도에 있어서 성서는 저 세상이 아니라 **이** 세상의 사회의 도덕적·정치적 기초를 이해하기 위한 역사적인 열쇠이었다.

종교의 이해를 위한 새로운 어프로치를 다른 모습으로 전개한
것은 피에르 베일[34]이었다. 그는 장 르 클레르크와 마찬가지로 네덜
란드공화국[35]의 위그노 망명자이었다. 최초의 중요한 저작인 『혜성
彗星 잡고雜攷(Pensées diverses sur le Comète)』(1682년)에서 베일은 우상
숭배의 문제를 다루었다. 혜성은 나쁜 일의 전조라고 하는 많은 사
람들이 믿는 바는 1680년에 나타난 혜성에 대한 사람들의 반응으로
서 다시 드러났는데, 그것은 우상 숭배가 아직도 널리 퍼져 있음을
시사하는 것이었다. 우상 숭배는 진정한 신을 기쁘게 할 수 없다고
이해함으로써 베일은 무신론이 진실로 최악인가를 묻는다. 결국 스
스로 고백한 원리에 좇아 생활하는 사람은 설사 있다고 하더라도 그
수가 극히 드물고, 타락한 인간은 정념에 좇아 살고 있다. 이들 정념
은 이기적이고 사회 안에서만 그 만족을 얻을 수 있다. 따라서 무신
론자는 적어도 우상 숭배자와 같은 정도로 사교적이다. 무신론자와
우상숭배자 사이의 유일한 차이는, 무신론자는 거짓 신을 믿지 않으
며 또한 대놓고 정념에 좇아 살고 있다는 것이다.

---

34) Pierre Bayle, 1647년~1706년. 프랑스의 철학자. 툴루즈의 예수회 학교에 다녔
고, 데카르트의 회의정신懷疑精神을 이어받았다. 1697년에 처음 발간된(제2판은
1702년) 『역사적 · 비평적 사전』(Dictionnaire Historique et Critique)에서 도
덕 · 성서 해석 · 신학의 여러 문제를 일신하기 위하여 진정한 역사정신, 그리고 신
랄한 풍자를 전개하였다.
35) 공식 명칭은 「네덜란드 7개주 연합공화국」(영어로 Republic of the Seven
United Netherlands). 역사적으로는 단지 「네덜란드공화국(Dutch Republic)」이
라고 하며, 1588년부터 1795년까지 존속하였고, 현재의 네덜란드에 이어지는 최
초의 진정한 네덜란드 독립국가이다.

베일은 여러 문제를 처리하는 데 유익한 논의를 한꺼번에 하는 것을 즐겨했다. 겉으로는 '무신론자'의 가설은 진정한 기독교도와는 조금도 관련이 없었다. 그러나 신앙 고백을 달리하는 기독교도끼리는 다른 견해를 가진 사람을 '우상숭배자'라고 거듭 비난하고 있었다(이 점은 베일이 자기가 카톨릭 교도라고 하면서도 이름을 밝히지 않는 경우에 강조한 바이다). 다른 한편 지금까지 보아온 대로, 개종되어야 하는 모든 비기독교의 여러 민족은 본성적으로 우상숭배자이었다. 이와 같이 베일이 무신론자와 우상숭배자를 동일시하는 것은 일정한 근거에 기하여 계시종교와 마찬가지로 자연종교의 기초를 묻는 것으로서, 따라서 인간 사회에서의 종교의 필요성을 묻는 것으로서 받아들여졌다. 이것은 스피노자조차도 채용하지 아니한 접근방식이었다.

존 톨런드[36]는 이와는 종류를 달리하는 근본주의자이었다. 그는 아일랜드 출신의 지적 모험가로서, 공화주의자이고, 잉글랜드왕 조지 1세의 모친인 하노버 선제후비選帝侯妃의 친구이었다. 또 그는 남의 작품을 대신 써주는 대작자代作者이고 자유사상가이었다. 톨런드는 정치나 사상에 관한 모든 사항에 대하여, 특히 그의 무신앙에 대하여 편의에 좇아 절충주의를 채택하였다. 그는 상황에 맞추어서 성서, 교부 또는 자연종교에 대한 새로운 연구를 선택적으로 동원하여 유물론적 형이상학과 짜맞추었다. 그의 제1작은 『신비롭지 아니한

---

36) John Toland, 1670년~1722년. 아일랜드의 합리주의 철학자이면서 풍자가.

기독교(*Christianity not Mysterious*)』(1695년부터 1696년)로서, 이 저작은 반삼위일체적이라고 받아들여졌는데, 그 중심적인 주장은 그저 기독교의 '비의秘儀'는 성직자의 거짓말이라는 것이었다. 그리고 성서는 이성이 있는 모든 사람이 읽는 책으로서 개방되어야 한다는 것이다.

이어지는 20년 동안 이어지는 많은 저작에 의하여 구약성서와 신약성서에 대하여 위와 같은 명제가 예증되었다. 그의 『유태의 기원(*Origines Judaicae*)』(1709년)에서 행하여진 주장에는, 모세는 종교를 정책수단으로 썼다는 것, 모세의 종교 이해는 원래는 히브리적이라기보다는 이집트적이라는 것, 거기에는 혼의 불멸에 관한 교의는 포함되어 있지 않았다는 것이 있었다. 『아민토르(*Amyntor*)』(1699년) 또는 『나자렛의 예수(*Nazarenus*)』(1718년)와 같은 저작에서 신약성서를 다룬 톨런드는 그 성전의 불확실성을 힘써 주장하고, 「바르나바의 복음서」라고 불리는 자료[37](부분적으로 그리스도에 대한 이슬람적 파악을 지지한다)의 진정성을 의도적으로 옹호하였다. 이러한 저작들은 정통파 · 비정통파를 막론하고 신학자로부터 마찬가지로 격렬한 반응을 불러일으켰다. 그리고 이 반응이 톨런드의 주장을 악명 높은 것으로 만들었다. 톨런드는 마찬가지로 자연종교를 전복시키는 데 능하였다. 즉 그의 『드루이드인에 관한 비판적 역사 일편(*A Specimen*

---

37) Gospel of Barnabas. 이는 5세기경의 것으로 알려져 있다. 유대명 요셉 또는 바나바스로 일컬어지는 바르나바는 사도행전에 나오는 키프로스 출신의 레위 사람으로, 바오로의 제1차 전도여행에 동행한 사도이다.

of a Critical History of the Druides)』(1726년)은 드루이드인[38]의 관행을 성직자의 정략이거나 미신으로 끈질기게 밀어붙이는 한편, 드루이드인을 호의적으로 기독교 성직자와 비교하였다.

톨런드의 작업은 앤소니 콜린즈[39]나 마슈 틴덜,[40] 존 트렌차드[41]를 포함하는 자유사상가의 집단에 의하여 브리튼 여러 섬에서 보강되었다. 콜린즈는 자신의 방대한 장서를 톨런드나 다른 사람이 이용할 수 있도록 하였다. 또한 『자유사상론(*Discours of Freethinking*)』 (1713년)에서 그는 자유의지 또는 혼의 불멸에 반대하는 유물론적 · 필연론적 기초에 바탕하여 논의를 전개하였다. 트렌차드의 『미신의 자연사(*Natural History of Superstition*)』(1709년)는 종교에는 계시종교와 자연종교의 둘이 있다는 생각을 성직자 지배를 정면에서 공격하는 데로 전용하였다. 다른 한편 틴덜의 『천지창조만큼 오래 된 기독교(*Christianity as old as Creation*)』(1730년)는 그리스도의 메세지가 인류의 타락 이전에 존재하였던 순수한 자연법의 반복 이상의 것은 아님을 논하였고, 이로써 신의 은총을 자연에 돌리게 하였다. 톨런드와 그 동류들은 일찍부터 신을 믿지만 그리스도는 믿지 않은 '이신론자理神論者'라고 특징지워졌다. 그러나 보다 최근에는 이러한 특징 부여는 역사가들 사이에서 행하여지지 않게 되었다. 자연종교와

---

38) 드루이드는 고대 켈트문명에서 상층 계급의 구성원, 즉 종교지도자, 법률가, 정치조언자 등을 가리킨다.
39) Anthony Collins, 1676년~1729년. 영국의 철학자이면서 에세이스트.
40) Matthew Tindal, 1657년~1733년. 영국의 이신론자理神論者.
41) John Trenchard, 1662년~1723년. 영국의 문인.

계시종교는 서로 보완적인 것이고, 이들 '근본주의적인(radical)' 사람들은 쌍방에 기여하는 연구를 내고 있다는 것이 보다 널리 의식되기에 이른 결과이다.

비종교적인 사람들 사이에서 이와 별도로 상호 연관의 관계가 구축되었는데, 그것은 18세기의 처음 40년 동안 유럽대륙에서 활발하였다. 그 중심에 있는 것은, 기존의 종교를 비판하고자 하는 시도들 중에서 가장 유명한 『사기꾼 세 사람의 논설』을 책임편집한 사람들인데, 그들에 대하여는 알려지지 않은 바가 많다. 여러 작품을 모아 만들어진 이 저술은 처음에는 『스피노자의 삶과 정신(La vie et l'esprit de Spinoza)』(1719년)이라는 이름 아래 프랑스어로 처음 발간되었다가, 1721년에 『사기꾼 세 사람의 논설(Traité des trois imposteurs)』로 다시 출판되었다. 애초의 제목이 명확하게 말하여 주는 것은, 이 저술이 스피노자의 전기를 그의 사후에 출판된 『에티카(Ethica)』(1677년)의 부분적 번역과 함께 다룬다는 사실이다. 거기에다, 보다 오래된 직접적인 비종교의 전통적 흐름에서 따온, 다른 비종교적 원전의 발췌 약간도 포함되어 있었다. 그 흐름에서는 모세와 그리스도, 모하메드는 자신들의 민족을 속인 사기꾼으로 다루어졌다. 여러 원전의 이러한 절충적인 혼합물은 네덜란드에 사는 위그노 망명자로서 「환희의 기사단」이라고 불리는 비밀단체의 회원이기도 한 장 루세 드 미시[42]와 장 에몽,[43] 그리고 샤를 르비에[44]의 창조물이었

---

42) Jean Rousset de Missy, 1686년~1762년. 프랑스 출신의 위그노 역사가·문인

다. 그들과 관계가 있는 영국인 중에는 앞서 본 톨런드나 콜린즈도 있었다. 스피노자의 철학에 흥미가 있기는 하였지만 『사기꾼 세 사람』의 편자는 그 유물론을 단순화하였다. 설사 그것이 가장 근본주의적인 형태의 계몽이었다고 하더라도 그것은 엄밀하게 말하면 스피노자주의는 아니었다.

네덜란드로부터 자유사상가 및 그들에 공감하는 출판자의 집단이 퍼져나갔다. 그들은 『사기꾼 세 사람』과 같은 망명자의 저작물을 본뜬 것, 너무나도 위험하여 출판할 수 없었던 다른 비종교적 저작의 원고를 복사하거나 번역한 것을 제공할 용의가 있었다. 그들의 가장 중요한 목적지는 프랑스이었다. 프랑스에서는 불랭빌리에 백작[45]이 1722년 죽기까지 그러한 문헌의 매우 열정적인 공감자이고 전파자이었다. 독일에도 근본주의적인 자유사상가의 다른 집단이 있었고, 훨씬 숫자는 적었지만 이탈리아에도 존재하였다.

그들의 중요성에 대한 평가는 그들에 동정적인 역사가 몇 사람이 상정하여 온 만큼 단순한 것은 아니었다. 망명 출판이고 그 유통이 비밀이었다고 하는 바로 그 이유로 인하여 그들의 저작이 미치는 범위는 한정되어 있었다. 또한 그들은 지적 세련의 정도에서도 차이가 심하였고, 따라서 종교에 관한 창의적인 주장에 잠재적으로 기여

이나, 일찍부터 네덜란드에 이주하였다.
43) Jean Aymon, 1661년~1734년. 프랑스의 신학자이면서 법률가.
44) Charles Levier. 본문의 『사기꾼 세 사람의 논설』의 저자 또는 편찬자 중 한 사람으로 알려져 있으나, 그에 관한 구체적인 사항은 불명.
45) Comte de Boulainvilliers, 1658년~1722년. 프랑스의 역사가, 천문가.

하는 정도도 가지가지였다. 볼테르나 디드로, 돌바크는 그들의 저작 일부의 복사본을 가지고 있었지만, 또는 이들을 이용할 수 있는 처지에 있었지만, 그러한 필로소프들의 논의는 앞선 세대의 이들 비밀 문헌에서 발견되는 논의를 단순히 반복하는 것은 결코 아니었다.

그것은 다음과 같은 이유에서이다. 1650년 이래 학자와 신학자는 자연종교와 계시종교에 대하여 넓은 범위의 탐구를 행하여 왔다. 그 결과 '근본주의적인' 비종교적 계몽만에 초점을 맞추는 것은 오해를 불러일으키게 되었기 때문이다. 그 탐구의 성과로는 조각가 베르나르 피카르[46]와 출판업자 장-프레데릭 베르나르[47]에 의한, 7권으로 된 『세계 모든 민족의 종교적 의례와 관습(*Cérèmonies et coutumes religieuses du tout les peuples du monde*)』(1723년~1737년)[48] 이 있다. (그림 3) 그 협력자는 네덜란드에 거주하는 프랑스인의 프로테스탄트 망명자들로서, 그들은 자연종교와 계시종교에 대하여 축적되어 온 연구상의 성과를 보다 많은 사람들에게 전할 수 있는 기회를 그 출판에서 발견하였다. 일정한 기간을 두고 간행된 서적으로서 각 권의 내용에 중첩하는 부분도 있었던 이 간행물에는 유태교, 로마카톨릭교, 아메리카나 인도, 아시아(중국과 일본), 아프리카의 종교, 그리스정교, 영국 국교회와 이단파를 포함하여 프로테스탄

---

46) Bernard Picart, 1673년~1733년.
47) Jean-Frédéric Bernard, 1680년?~1744년. 작가 겸 암스테르담의 출판업자.
48) 원저에는 *Religious Ceremonies of the World* 라고 하지만, 이는 뒤에 보는 영역본의 제목이다.

(그림 3) 세계의 주요한 종교. 베르나르 피카르와 장-프레데릭 베르나르의 『세계 모든 민족의 종교적 의례와 관습』(1723년) 의 속표지 그림이다. 연구서는 아니지만, 이 편집물은 세계의 종교에 대한 새로운 호기심을 보여주는 것으로서, 독자가 여행 자나 선교사에 의하여 수집된 세계의 종교에 관한 정보를 얻을 수 있도록 하였다.

트, 그리고 마지막으로 이슬람교가 망라되어 있었다. 이 출판물은 상업적으로 성공하였고, 네덜란드어, 독일어, 영어로 번역되었다. 그러나 이 저작은 근본주의적인 계몽에 기울어진 역사가들까지 인정하지 않을 수 없었던 대로 종교에 적대적이지는 않았다.

사상적으로 훨씬 더 인상적이었던 것은, 나폴리 출신의 두 사람, 즉 역사가 피에트로 지아노네[49]와 철학자 잠바티스타 비코(Giambattista Vico, 1668년~1744년)(그림 4)가 행한, 새로운 연구의 대조적인 이용법이다. 지아노네의 『세 왕국(Triregno)』은 1731년부터 1733년까지 그가 비엔나에 망명하고 있는 동안에 쓰여졌다. '세 왕국'이란, 구약 성서에서의 히브리인에 의한 땅의 왕국, 그리스도의 사명을 통하여 제시된 하늘의 왕국, 그리고 마지막으로 교회가 결국 제시하기로 된 교황의 왕국이다. 이 중 마지막 것은 그리스도의 저 세상에서의 목적을 저버리는 것이다. 지아노네가 사보아에서 납치되고 투옥된 후에 교황청 성무성聖務省에 의한 원고의 압수는 역사가들 사이에서 이 저술에는 체제 전복의 의도가 있다는 평가가 확립되게 하였다. 그러나 그 저술은 성서, 고대 근동 및 초기 교회에 관한 학문상의 이해가 발전하지 아니하였다면 행하여질 수 없을 터이었다.

대조적으로 비코는 『새로운 학문(Scienza Nuova)』을 출간할 수 있었다. 초판은 1725년에, 새로운 판들이 1730년과 1744년에 각각 나왔다. 그 중에서 1744년 판이 이 책이 일반에게 알려지게 되는 바

---

49) Pietro Giannone, 1676년~1748년. 뒤의 주 73 참조.

(그림 4) 잠바티스타 비코, 나폴리의 철학자. 그의 『새로운 학문』은 18세기에 있어서 가장 수수께끼가 많은 저작의 하나이었는데, 1800년까지에는 상상력이 풍부한, 역사철학에의 탁월한 공헌으로 인정받기에 이르렀다.

탕이 되었다. 비코의 '학문'의 새로움은 자연과는 별도로 인간과 관련하여서만 특별히 그 '학문'을 적용한 데 있었다. 그것은 땅 위의 여러 민족, '여러 국민'의 발전은 신의 섭리가 규칙적으로 작용하는 것을 통하여 일어나고, 따라서 인간이 인식할 수 있는 패턴에 따른다고 주장하는 역사철학이었다. 그런데 비코에게 가장 흥미로운 것은 그 발전의 가장 초기의 단계이었다. 그의 주장에 의하면, 가장 초기의 인간을 이해하는 열쇠는 그들이 보편적인 자연법에 좇는다고 상정하는 것에 있지 아니하고, 그들의 시와 종교적 신화를 연구하는 것에 있었다. 인간은 이성 이전에 상상력을 발휘한다. 잘 알려져 있는 대로 비코는 호메로스의 시는 한 사람의 저자의 작품이 아니라 고대 그리스민족의 집단적 기억의 표출이라고 논하였다. 이는 프랑스의 학자들과 비코가 공유하는 바로서 아마도 프랑스인에게서 유래하는 통찰이다. 그러나 비코만이 사회의 역사적 발전을 이해함에 있어서 시와 신화의 역사적 중요성이라고 하는 보다 큰 논의의 틀속에 그 통찰을 자리잡게 하였던 것이다.

비코는 자신의 새로운 학문을 '신의 섭리에 관한 합리적 세속신학'이라고 부르고, 개별적인 선구자들에 대항하면서 이를 형성하여 갔다. 자연법은 신이 존재하지 아니하더라도 얻어질 수 있을 것이라는 그로티우스의 가설에 반대하여, 비코는 인간의 개개 국민의 개별적인 법들의 바탕에 도덕적 가치의 '공통 감각'이 있다고 인정하게 하는 것은 바로 신의 섭리라고 주장하였다. 동시에 신의 '통상의 힘'(이는 원래 스콜라철학의 카테고리이다)의 표현으로서의 신의 섭리라는 비코의 개념은 일원론적이고 전적으로 결정론적인 '자연'이라는 스피노자주의의 관념을 반박하는 것이었다. 특히 비코는 무신론자의 사회라는 베일[50]의 가설을 거부하였는데, 그 거부는 바로 계시가

---

50) 앞의 주 34, 뒤의 주 67 및 그 각 본문 참조.

없으면서 사회가 형성된다는 것(이는 고대 히브리인에 한정된다)은 자연의 힘에 대한 공포로부터 신에 대한 신앙을 이끌어내는 우상 숭배가 없이는 있을 수 없다는 자신의 주장을 기초로 하는 것이었다.

비코는 스스로의 신학을 '세속'신학이라고 부름으로써 사회적인 것을 자연과 은총 양편으로부터 자립적이라고 보는 방도를 찾으려고 하였다. 그러나 그것은 아직 신의 섭리의 작용은 진리이지 가설이 아니라고 보는 점에서 역시 '신학'이었다. 특히 데카르트주의나 에피쿠로스주의와 같은 '근대' 철학에 대한 그의 엄중한 비판으로 본다면, 비코를 계몽의 옹호자로 분류하기는 어렵다. 그러나 단순히 시대와 대립하는 사상가의 작품이라고 한다면, 그로티우스나 스피노자, 나아가 베일과의 관련이 그렇게까지 복잡하고 풍부하게 되지는 않았을 것이다. 비코는 스스로를 카톨릭 정통파라고 선언하였음에도 불구하고, 새로운 방향 그리고 두드러지게 창의적인 방향으로 계속해서 종교의 기원과 관습을 역사적으로 탐구하였다.

「계몽의 성서」

어떻든 1740년이 되면 초기 계몽을 뒷받침하여 왔던 비판적 연구는 그 첨단성을 잃고 있다고 여겨진다. 성서의 연대를 추정하는 것이나 모세5서가 모세 자신의 저작인지 여부 따위의 문제와 관련하여

비판하는 측은 설득력 있는 다른 선택지를 제공하지 못하였다. 비코
와 지아노네는 두 사람 모두 여전히 천지창조로부터 그리스도의 탄
생까지 꼭 4천년이었다고 하는 불가타성서의 연대기의 범위 안에서
역사를 해석하였다. 심지어 지아노네는 시몽이 제기한 근거에 기하
여 모세5서가 모세의 저작이라고 인정하기까지 하였다. 여하튼 18세
기의 연구의 발전은 계시된 신의 말씀으로서의 성서의 지위를 강화
하는 경향이었다. 『창세기 논의(Conjectures on Genesis)』(1753년)에서
장 아스트뤼크[51]는 창세기가 여러 가지의 다른 원천에서 유래한다는
가설을 승인하였는데, 모세가 이를 집필한 것을 부인하지는 않았다.

　독일에서 성서 연구는 루터파의 대학에서 그 지위가 인정되어
있었다. 18세기의 가장 위대한 성서학자인 요한 다비드 미카엘리
스[52]는 원전의 이해를 돕기 위하여 전례가 없을 만큼의 풍부한 언어
적·민족학적 증거를 쌓아올렸다. 그 일부는 1761년부터 1767년에
걸쳐서 이집트와 아라비아에 간 야심적인 일단의 학자들의 원정에
서 얻어진 것이었다. 이 원정은 덴마크 왕가가 원조하였고, 그 조사
과제는 미카엘리스가 구상하였다(그러나 그 자신은 현명하게도 스스로

---

51) Jean Astruc, 1684년~1766년. 프랑스의 의사·의학자, 신학자. 전자로서는, 매
　　독 기타 성병의 치료나 산부인과 분야에 연구가 있고, 후자로서는 현대 성경해
　　석의 선구자 중 한 사람으로 평가된다. 본문에 인용된 저서의 프랑스어 원문은
　　『모세가 「창세기」를 저술함에 이용하였다고 여겨지는 원초적 기억에 관한 추단
　　(Conjectures sur les mémoires originaux dont il paraît que Moyse s'est servi
　　pour composer le livre de la Genèse)』이다.
52) Johann David Michaelis, 1717년~1791년. 독일의 신학자이면서 오리엔트학자.
　　경험적 사회조사의 선구자 중 한 사람으로 꼽힌다.

참가하지는 않았다. 이 원정에 참가한 5인의 학자 중에 살아 돌아온 이는 한 사람 밖에 없었다). 미카엘리스에 있어서는, 설사 성서의 원전이 훼손되었다고 하더라도, 여러 가지의 증거가 성서의 역사적 진실성을 확증하여 주었다.

또한 역사적 시야도 독일의 지도적인 유태인 학자이고 철학자인 모제스 멘델스존[53]의 역사 해석을 보다 활기차게 하여 주었다. 그는 히브리어판의 모세 5서를 독일어로 새롭게 번역하여 『평화의 길 (*Sefer Netivot ha-shalom*)』(1779년~83년)[54]을 발간하였다. 히브리어 원전에 모음 부호를 가한 것이 잘못의 발단이었음을 부정한 멘델스존은 이들 부호가 구어 원전의 원래의 의미를 보존하고 있다고 생각하였다. 모세5서의 중요성은 바로 그것이 기독교의 계시에 의하여 부가된 군더더기가 없는, 순수한 자연종교에 기한 국민종교로서의 유태교의 확립이라는 역사적 사실을 기록하였다는 점에 있었다.

그리하여 18세기의 끝 무렵에 성서의 역사적 이해는 확고한 것이 되었다. 17세기의 교정판 성서에 대하여는 근년의 역사가가 「계몽의 성서」라는 이름을 붙이게 되었다. 그러나 몇 안 되는 예외는 있었지만, 계몽의 성서는 계시를 무너뜨리려고 하지 않았다는 점에서는 그 선구자들에 뒤떨어지지 않았다.

---

53) 앞의 주 8 참조.
54) 이 멘델스존의 번역은 모세5경의 히브리어 원문도 포함하고 있다. 영어로는 *The Book of the Paths of Peace*라고 한다.

계몽의 종교사

계몽의 성서와 마찬가지로 또는 그 이상으로 후기 계몽의 특징을 이루는 것은 종교의 비교 연구에의 관심이었다. 여기서는 체제를 뒤엎으려는 함의는 그 사정射程이 보다 크게 되었다. 그러나 그 모든 연구의 전면에 그것이 두드러지게 나타난 것은 결코 아니었다.

볼테르(1694년~1778년)는 『여러 국민들의 습속과 정신에 관한 시론(Essai sur les moeurs et l'esprit des nations)』(1756년)에서 그 길을 선도하였다. 이 저술의 의도는 『보편사론(Essay on Universal History)』(1782년)이라는 영어판의 제목이 더욱 잘 포착하고 있다. 그것은 보슈에 사교[55]의 『보편사론(Discours sur l'Histoire universellen)』(1681년)에의 응답으로 쓰여진 것이었다. 볼테르는 먼저 유태교·기독교적인 세계사에서의 전통적인 시작 이야기를 거부하였다. 그는 자신의 역사를 중국에서 시작하였는데, 그 중국의 연대기는 성서의 히브리인보다도 훨씬 오래된 국민의 존재를 보여 주었다. 그리하고 나서 그는 서방으로 펜을 돌려서, 이스라엘과 그리스도교의 유럽에 이르기 전에 인도, 그리고 이슬람교의 아라비아에 여러 개의 장을 배분하였다. 그 각각에 주요한 종교, 즉 유교(사실상 종교로서 다루어져 있다), 힌두교, 이슬람교, 유태교 및 기독교에 대한 장을 붙였다. 유태

---

55) Jacques-Bénigne Bossuet, 1627년~1704년.

교와 기독교는 역사적으로 보면 그 자손에 해당하는 이슬람교 다음에 놓여졌다. 이 점은 유태교와 그리스도교의 신성한 역사의 순서를 파괴하려고 하는 볼테르의 결의를 강조하는 것이었다.

그렇다고는 하여도 종교로서의 유교와 힌두교에 대한 볼테르의 이해는 중국과 인도를 직접 가보았던 제수이트회 선교사의 견문에 상당히 의존하고 있다. 그러한 견문과 견해에는 이들 선교사가 가지고 있던 자연종교의 개념, 그리고 동방의 여러 종교는 일신교라는 그들의 상정이 스며들어 있었다. 그러나 볼테르는 이들 여러 종교를 문화적으로 상이한 것으로 다루어서, 제수이트회 선교사라는 정보원情報源과는 차이를 보였다. 이들 여러 종교는 오히려 기독교에의 개종과는 일정한 거리가 있다는 점에서 공통적인 자연적 우상 숭배를 말하여주는 것은 아무래도 아니었다. 세계의 위대한 일신교들은 그 각각이 개개의 역사적 환경의 산물이었다.

데이비드 흄은 종국적인 의도로서는 보다 체계전복적이었다. 그의 『종교의 자연사(*Natural History of Religion*)』(1757년)는 전적으로 역사 서술로부터 도출된 것이었다. 흄은 단지 유태교·기독교의 신성한 역사뿐만 아니라, 일신교의 우위성 그것에 도전하였다. 「인간의 사상의 자연적 진보」에 따르는 한, 다신교나 우상 숭배가 인간의 애초 종교이었음에 틀림없다고 흄은 추측하였다. 이어서 그는 "하나 또는 두 국민의, 거기다가 완전히 순수하다고는 할 수 없는 유신론 따위는 고려할 만한 가치가 있는 반대론을 형성하지 못한다"고 하여, 이름을 대는 것을 주저함이 없이 성서의 히브리인을 일축하였다.

실제로 애초 다신교는 '진정으로 미신적인 무신론의 일종'이었다. 우상 숭배와 무신론을 구별하는 것은 쓸데없는 일이다. 여러 국민이 각자의 수호신으로서 다른 여러 신이 아니라 하나의 신을 떠받든 때에만 이들 여러 국민은 일신교인이 되는 것이다. 이를 종교의 유형으로 말하면, 다신교는 미신을 촉진하는데, 한편 일신교는 '열광'이나 광신에 기울기 쉽다. 열광으로 해서 일신교인은 다신교인에 비교하여 특히 관용적이지 않게 되고, 그들이 자연스럽게 가지고 있는 것과는 대립하는 도덕체계를 받아들인다. 흄이 강하게 시사하는 바는 이러한 점에서 기독교 이상으로 나쁜 일신교는 없다는 것이다. 기독교의 신자는 자기 부정의 도덕을 통하여 현세를 넘어서 내세로 오르는 것을 지지하고 있고, 이러한 도덕은 현세에서 '유용하고 쾌적한' 것으로 여겨지는 것들과는 본질적으로 대립한다.

이 『종교의 자연사』를 집필할 당시의 흄은 아마도 의식하지 못하였을 것인데, '자연사'라는 사고방식 자체가 뷔퐁[56]에 의한 『자연사 총론 및 각론(Histoire naturelle, générale et particuliére)』의 처음 3권이 1749년에 출판됨으로써 그 모습에 변화가 생긴 것이다. 뷔퐁의 이 방대한 저서는 유태교 및 기독교의 신성한 역사, 나아가 보다 일반적인 종교사와는 대조적인 함의를 가지고 있었다. 신성한 역사

---

56) 앞의 주 6 및 그 본문 참조.

에 대하여는, 세계의 자연사(박물지博物誌)에 대한 뷔퐁의 견해에 입
각하여서, 성서에서의 천지창조 이래의 시간 경과의 계산 중 그 어
느 것보다도 훨씬 긴 기간이 요구된다는 것은 분명하였다. 뷔퐁은
애초 성서에 반하는 의도를 가졌음을 부정하였는데, 1778년에 천지
창조는 7만5천년 전부터 3백만년 전까지 사이에 일어났음이 틀림없
다고 인정하기에 이르렀다. 그는, 자연의 연대기는 세속의 연대기만
큼 정확할 수가 없으므로, 양자는 별개로 있을 수 있으며, 먼 고대로
부터 현대까지의 인간의 역사를 구성하는 것으로 성서를 계속해서
사용할 수 있다고 주장하였다. 그러나 세계의 처음과 최초의 인류를
설명하는 것으로서의 신성한 역사와의 일체성은 이미 상실되어 있
었다.

　이와 대조적으로, 일반적인 종교사에 대하여는 세계의 형성에
있어서 자연의 대변동이 가지는 영향의 폭과 중요성을 강조하는 점
에서 뷔퐁의 『자연사』는 새로운 출발점이 되었다. 단 한 번 일어났
다는 세계 규모의 대홍수는 일어나지 않았다. 그러나 다른 여러 가
지의 재해가 거듭 일어나는 때마다 최초의 인류는 집단을 다시 구성
하여야 하게 되었음에 틀림없다. 이러한 통찰을 전개한 최초의 사람
은 니콜라-앙토완 불랑제[57]로서, 그의 『관습에 의하여 새로 밝혀진
고대 — 지상의 여러 민족의 주요한 종교적 · 정치적 견해와 의례와
제도의 비판적 조사(*Antiquité dévoilée par ses usages, ou Examen*

---

57) Nicolas-Antoine Boulanger, 1722년~59년.

critique des principales opinions, cérémonies et institutions religieuses et politiques des différents peuples de la terre)』(1766년)에서이었다.

불랑제는 노아의 대홍수는 그 전에 인간이 존재하고 있었다는 흔적을 모두 지워버렸고 따라서 바로 그때에 역사가 시작되었음이 분명하다는 것을 출발점으로 하였고, 따라서 그 자체 독창적이지는 않았다. 16세기 이래 인문주의의 역사학자들이 이 점을 지적하여 왔다. 그러나 불랑제가 여기서 특히 초점을 맞춘 것은 그러한 상징 적인 대변동에 응답하여 인간이 발전시킨 다양한 종교적 관습이었 다. 그 중에서도 그는 여러 가지의 기념·장송·예배의 의식이나 신 비적 집단 또는 예배의 순환적 형태를 발견하여, 그 각각에 세계의 여러 종교 모두에 대한 이미 알려진 지식으로부터 얻어지는 상세한 서술적 설명을 붙였다. 이들 관습이 우상 숭배인지 여부는 문제가 되지 않았다. 그 대신에 불랑제가 논한 것은, 종교적 전통의 연구가 철학자나 형이상학자나 법학자의 합리적 추정보다도 훨씬 질이 좋 은 인간 본성에 대한 통찰을 제공한다는 것이었다. 이것이야말로 「사회에 있어서의 인간 역사」의 진정한 출발이었다.

불랑제의 저술은 그가 죽은 다음에 그의 벗인 돌바크 남작[58]에

---

58) Paul Henri Dietrich d'Holbach, 1723년~89년. 독일의 부유한 상인 집에 태어 나 후에 프랑스로 귀화했다. 부친에게서 막대한 재산을 물려받은 그는 학문을 애 호하여 파리의 자기 집을 살롱으로 삼아 유명한 철학자나 문학가를 초대했다. 주 로 백과전서파 사람들이 모였는데 디드로, 엘베시우스, 콩디약 등이 늘 찾아왔으 며, 달랑베르나 루소도 자주 출입했다. 그리고 자기 자신도 이러한 사람들의 사상 적 영향을 강하게 받아 주저인『자연의 체계』는 디드로와의 합작이라는 말을 들

의하여 출판되었다. 돌바크는 가까운 사람에게는 자신은 무신론자라고 고백하였고, 스피노자와 마찬가지로, 종교사의 관심을 유물론철학과 결합하여 『자연의 체계(Systéme la Nature)』(1770년)를 저술하였다. 그러나 돌바크의 유물론은 감각 경험에 기초를 두었다는 점에서 스피노자의 체계와는 달랐다. 그것은 달랑베르가 『백과전서』의 「서론」에서 지지한 철학에 의거한 것이었다. 그리하여 돌바크의 무신론은 알 수 있는 것과 알 수 없는 것의 경계에 의하여 제약되어 있었다. 이것은 역사적 탐구에 의하여 확인될 수 있었다. 돌바크에 있어서 —스피노자에 있어서도 분명 그러하였지만— 역사는 종교를 이해하기 위하여 필요한 이해틀을 제공하는 것이었다.

이러한 방향의 탐구는 불랑제의 어프로치를 고대의 종교적 관습에로 확장하여 시나 신화를 근거로 받아들이는 것으로써 정점에 달하였다. 고대의 종교적 관습이 최초의 인간들의 정신세계를 아는 열쇠라고 하는 점은 물론 비코의 위대한 통찰이었다. 그러나 『새로운 학문』과 그 저자는 18세기의 후기에 이르러 드디어 독일 계몽의 가장 위대한 역사철학자인 요한 고트프리드 헤르더[59)와 후기 나폴리 계몽의 지도적 인물인 프란체스코 마리오 파가노[60)에 의하여 그 통

을 정도였다. 특히 디드로의 유물론, 콩디약의 감각론, 엘베시우스의 이기주의의 영향은 확실하다. 주요 저서로는 『자연의 체계』, 『폭로된 기독교』(1756), 『종교의 관용에 관하여』(1769), 『사회의 체계』(1773) 등이 있다.
59) Johann Gottfried Herder, 1744년~1803년.
60) Francesco Mario Pagano, 1748년~99년. 법률가, 철학자, 정치가이면서 희곡 작가.

찰이 전개되기까지 나폴리를 제외하고는 잘 알려지지 않은 상태에 있었다.

헤르더가 비코를 다룬 것은 『히브리 시의 정신(*Vom Geiste der Ebräischen Poesie*)』(1782년)에서 성서의 시에 대한 연구를 확장함에 있어서였다. 성서의 시의 형식은 오랫동안 학자들 사이에서 논쟁의 대상이었다. 조금 전에 영국인 학자 로버트 로스[61]가 성서에서의 시의 형식은 운율이나 압운이라기보다도 「병행법(parallelism)」을 채택하고 있다고 주장함으로써 이 논쟁은 더욱 차원을 높여 행하여졌다. 그러나 헤르더에 있어서 히브리어로 쓰여진 시의 중요성은 단순히 기술적 문제를 넘어서는 것이었다. 그것은 가장 초기 시대의 국민문학의 하나로서 그 자체가 히브리민족을 이해하는 열쇠이었다.

불랑제와 마찬가지로 파가노는 보다 다양한 영역으로 손을 뻗었다. 『정치논집(*Saggi politici*)』(1783년~85년, 1791년~92년)은 별로 두드러질 것이 없는 그 제목에도 불구하고 인간 역사의 전과정을 철학적으로 설명하는 것이었다. 그것은 아주 처음 시기의 사회 형성에 특히 주목하면서 그 시기의 종교와 신화를 통하여 이를 이해하였다. 뷔퐁이나 불랑제, 그리고 데이비드 흄이나 로버트슨[62] 또는 퍼거슨[63]과 같은 스코틀랜드의 역사가와 마찬가지로 비코를 거듭 인

---

61) Robert Lowth, 1710년~87년. 영국 국교회의 주교이면서, 옥스퍼드 대학교의 신학 교수. 영어 문법에 관하여 영향력이 매우 강한 교과서인 『영어문법 입문(*A Short Introduction to English Grammar*)』(1762년)도 저술하였다.
62) William Robertson, 1721년~93년. 뒤의 그림 15의 설명 참조.
63) Adam Ferguson, 1723년~1816년.

용한 파가노는 실제로 계몽기의 비코가 되었다. 비코 이후의 시기에 파가노야말로 사회의 역사를 이해하기 위한 종교사의 잠재적 가능성을 가장 완벽하게 이해하고 있었다. 그는 그 가능성을 이 책 제3장에서 계몽사상의 중심적이고 결정적인 관심사로서 논하게 되는 주제, 즉「사회의 진보」와 결부지었다.

국내 평화의 이름으로 관용을 옹호하다

종교가 계몽에 관련을 가지게 되는 제2의 요소는 관용을 옹호하는 것에의 공헌이다. 종파가 서로 다르다는 것에 대한 하나의 대응으로서의 관용의 관념은 계몽의 시대보다 훨씬 전부터 존재하였다. 그것은 종교개혁에 의하여 족쇄에서 풀려난 종교적 폭력에 대하여 세속 당국이 취한 실천적 응답으로서 유럽에서는 계몽의 시대보다 200년도 더 전에 출현한 것이었다. 분명히 초기 근대의 유럽의 지배자는 종교적인 통일을 지배를 받는 사람들에게 강제하려고 하였고, 자신의 신앙상의 의무를 그 사람들에게 강요하기 위하여 전쟁을 치를 용의까지도 충분히 있었다. 그러나 자신의 신앙상의 의무를 다른 사람에게도 강요하지 못하여 공동체가 분단되면, 결과적으로 신앙의 통일보다 훨씬 가치가 있는 세속의 평화가 위험에 처하게 될 수도 있었다.

프랑스의 종교전쟁은 이러한 대립이 발생시키는 손실을 여실히 보여주었다. 그것은 1560년경 프로테스탄트 교도의 숫자가 급증한 것이 카톨릭 측으로부터 잔인한 반응을 불러일으킨 때에 시작되었다. 살륙의 10년은 1572년 파리에서 일어난 저 무섭기 짝이 없는 '상 바톨로뮤의 대학살'로 정점에 달하였다. 희생자는 몸이 짓찢기고 야외에 버려진 프로테스탄트의 시체는 산산조각이 났다.

대립이 오래 끌게 되면서 온건파의 프로테스탄트 교도와 카톨릭교회의 폴리틱파[64] 양쪽이 위그노 소수파에의 '관용'을 어느 정도 인정하는 것으로 분쟁당사자 사이의 화해를 이룩할 것을 군주에게 요청하였다. 화해는 프로테스탄트의 나바르 공 앙리가 왕위에 오르고 또 그가 카톨릭으로 개종하는 것으로 드디어 실현되었다. 그때 그는 낭트칙령(1598년)을 내려서, 이전의 종교적 동지인 프로테스탄트에게 신체의 안전을 보장하였다. 그러나 그 칙령은 세속적 또는 종교적 근거에 기초한 관용의 일반원리를 확립하는 것에는 한참 미치지 못하는 것이었다. 그것은 어디까지나 세속의 평화를 유지하는 데 필요한 한에서의 특정한 신앙들 사이의 알력을 조화시키는 데 그쳤다. 그로부터 100년 조금 못 미쳐 1685년에 루이 14세가 그 칙령을 '폐지'한 것을 보면, 세속의 평화를 강요하는 것에 관한

---

64) 성 바톨로뮤의 학살로 신교도 약 8천명이 살해되었으나, 신교도는 폭군 격퇴를 외치면서 저항운동을 누그러뜨리지 않았다. 그 뒤 구교도는 과격파와 온건파로 분열되었는데, 그 중 온건파는 신앙상의 대립보다도 왕국의 통일을 중시해서 흔히 폴리틱파라고 불렸다. 그 대표적 사상가에 장 보댕(Jean Bodin)이 있다.

자신의 권력에 자신을 가지게 되는 순간 지배자는 신앙통일정책으로 돌아가 의견을 달리하는 소수파를 박해할지도 모른다는 것을 깨닫게 된다.

관용에 대한 폴리틱파적인 옹호의 한계는 17세기의 가장 위대한 정치학자 토마스 홉스(1588년~1679년)에 의하여 탐구되었다. 『시민론(*Elementorum Philosophiae Sectio Tertia de Cive*)』[65](1642년)과 『리바이어던(*Leviathan*)』(1651년)에서 홉스는, 어떠한 사회의 유지든지 평화를 어지럽힐지도 모르는 사태에 대하여 이를 의견의 공적 표명에 의하여 결정하는 권위를 가지는, 단일하고 제한이 없는 주권적 권력을 필요로 한다고 주장하였다. 종교는 명백히 그 '사태'에 포함되어서, 홉스는 평화에 대한 위협요소 중에서도 최대의 것으로서 성직자를 꼽고 있었다. 그는 '신성한 역사'를 언급하여 끌어들이는 것으로 자신의 그 기본 주장을 뒷받침하였다. 그의 해석에 의하면, '신성한 역사'란 우선 유태인의 종교, 나아가 기독교가 신의 명령에 의하여 세속 권력의 권위를 바탕으로 제도화되어 가는 것을 보여주는 것이다. 특히 기독교도에게는, 자연종교이든 계시종교이든 종교적 견해에 관련한 문제에 대하여 주권자의 판단에 도전할 충분한 이유가 없었다. 현재 학자들 사이에서는, 홉스가 1649년 이후의 영국에서 공화제 정권이 실제로 행한 것과 같은 모습으로 다양한 예배의식

---

65) 이 책은 라틴어로 쓰였다. 그 제목을 그대로 옮기면 『시민에 관한 철학적 원론 3부작』이 되는데, 줄여서 『시민론(De Cive)』이라고 한다.

을 허용하기 위하여 주권자의 권위를 사용할 수 있다고 생각하였는지 여부를 둘러싸고 논의가 행하여지고 있다. 『리바이어던』의 한 구절은 이를 긍정하는 입장을 뒷받침하는 것으로 보인다. 그러나 홉스에 있어서 최우선의 기준은 어디까지나 세속의 평화의 이익을 위하여 공통의 예배형식을 결정하는 그 주권자의 권력에 있었다.

동일한 주제를 보다 교묘하게 다룬 것으로 1670년에 발간된 스피노자의 『신학 · 정치론(*Tractatus Theologico-Politicus*)』이 있다. 이는 기독교 이단파에 속하는 벗들이 네덜란드의 칼뱅주의자에 의하여 박해를 받은 것에 대한 직접적인 응답으로 쓰여졌다. 그것은 「철학하는 자유」가 신에 대한 경배 또는 국가의 안정에 대한 위험을 일으키지 않는다는 것을 입증하려는 것이었다. 우리가 검토하여 온 대로, 스피노자는 유태교의 역할이 기독교의 역할과 마찬가지로 신에 대한 경배와 복종이라는 공동생활상의 필요를 충족하는 것이며, 히브리인의 성직자는 세속의 권력을 희생하여서 권위를 발휘하여 왔던 것이 아님을 주장하였다. 이 주장은 그의 형이상학에 의하여 더욱 강화되었다. 신은 자연과 동일하므로, 자연의 탐구가 자유이고 또 충분히 행하여지는 만큼 각자는 신에 근접하여 갈 수 있다. **철학하는 자유**(libertas philosophandi)가 있어야 한다는 생각 그 자체는 새로운 것이 아니고 종교적 관용과 동일하지도 않았지만, 스피노자는 그것을, 생각하고 지성을 탐구하고 신을 아는 데 대한 가능한 한 완전한 자유, 그리고 사회의 평화와 양립하는 그러한 자유의 옹호론으로 면모를 일신하였다.

홉스와 스피노자의 논의는 종교전쟁의 기억이 지배하던 시기의 논쟁의 정점에 위치한다. 그때 거의 모든 기독교도는 자신들의 교회 야말로 유일한 진정한 교의를 대변하고 있다고 변함없이 믿고 있었다. 그렇게 보면, 관용이란, 대립하는 종교적 여러 신념이 동시다발적으로 표명되는 것을 허용하면서, 그 사이의 겉으로 드러나는 뚜렷한 대립을 막기 위하여 이들 신념을 충분히 분리하여 두는 것에야말로 세속의 평화가 의거하고 있음을 인식하는 것에 다름 아니었다.

관용을 옹호하는 프로테스탄트의 주장들

17세기 말 무렵에는 1685년의 낭트칙령 폐지로 이 논쟁에 새로운 사정이 가하여졌다. 네덜란드공화국에 도피하고 있던 위그노 망명자들의 지적 리더십에 바탕하여 프랑스 국왕에 저항하기 위한 유럽 여러 권력의 규합이 모색되었다. 그러나 그들 위그노는 대체로 종교전쟁을 새로 개시하기 위한 어떠한 주장도 의도적으로 피하고 그대신에 종교적 관용의 옹호론을 제공하기 위하여서 그렇게 하였다. 특히 두 개의 원전이 이를 증명하여 준다. 그 하나는 존 로크 (1632년~1704년)가 1685년부터 집필하여 1689년에 이르러 라틴어와 영어로 출간한 『관용에 관한 서신(*Letter on Toleration*)』이다. 로크가 관용에 대하여 처음으로 논한 것은 1660년대의 논고에서이다. 그런데 그때는 신앙 통일을 강요하는 주권자의 권리를 평화의 이름으로 인정하는 홉스적 결론에 도달하였었다. 찰스 2세의 반대자들과 교제하였다는 것으로 1680년대에 네덜란드에 망명하지 않을 수 없게 되면, 로크는 훨씬 복잡한 새로운 입장에 놓이게 된 자신을 발견하였다. 잉글랜드에서는 제임스 2세가 관용정책을 펴기 시작하였는데, 그 목적은 프로테스탄트의 비국교도, 그리고 그와 동시에 로마카톨릭 교도에 대하여 관용을 인정하고, 나아가 잉글랜드 국교회를 더욱 동요하게 하는 것이었다. 로크는 네덜란드에 위그노 망명자인 벗이 있었는데, 그들은 반대로 보다 엄격한 칼뱅주의자로부터의 압력을 계속 받고 있었던 네덜란드의 레몬스트란트파,[66] 즉 그로티우스의 후계자들과 연결되어 있었다.

　　이와 같이 복잡한 상황에 직면한 로크는 자연법의 기초에 있는 것, 즉 모든 사람은 자신과 다른 사람을 지킬 의무가 있으며 이 의무는 이 세상에서 평화를 유지할 수 있는 지배적 권력을 가진 세속의 권위를 합의에 기하여 설립할 것을 요구한다는 것을 세속 질서의 조건으로서 계속적으로 주장하였다. 그런데 자연법은 또한 모든 사람에게 세속의 권위가 어떠한 합법적 지배권도 가지지 아니하는 종교

66) 레몬스트란트파(the Remonstrants 또는 the Remonstrant Brotherhood)는 17세기 초엽에 네덜란드 개혁교회에서 분파된 프로테스탄트 운동을 가리킨다. 그 시조는 야코부스 아르미니우스(Jacobus Arminius)인데, 이 파가 다수를 차지하는 일은 없었다.

공동체, 그들이 스스로 선택한 종교공동체 안에서 신에게 예배를 올릴 의무도 부과하고 있다. 따라서 개개의 기독교도에게는 구제에로 이끌어 준다고 스스로가 믿는 방법으로 예배할 의무와 권리가 있는 것이다.

이것은 모든 기성旣成 교회에 대항하는 다원적 공생의 옹호론이었다. 다만 그것은 프로테스탄트에 한정된 논의이기도 하였다. 로크는 다음과 같이 부기하고 있는데, 그의 이러한 부기는 악명 높은 바 있다. 즉 로마카톨릭 교도나 무신론자는 관용의 대상이 되지 않는다, 왜냐하면 카톨릭은 출신국뿐만 아니라 외국의 주권자의 신민이기도 하기 때문이다, 무신론자는 약속한 바를 보증하는 고차원의 존재가 없기 때문이라는 것이다. 물론 그의 논의에는 프로테스탄트주의의 색체가 농후하여, 그것은 각각의 기독교도가 신 앞에서 자기 자신에 대하여 책임을 진다는 것을 가정하고 있었다. 로마카톨릭 교도의 관점에서 보면, 이는 개인에게 과대한 짐을 지우는 것이고(또 지금도 여전히 지우는 것이고), 신과 그 또는 그녀를 중개하는 것은 교회이어야만 했다. 요즈음도 계속되고 있는 이러한 평가로 말미암아, 로크의 『관용에 관한 서간』은 보편적 기초에 입각한 관용론을 수립할 수 없었다. 그 바탕에는 신에 의하여 고무되고 프로테스탄트의 관점에서 해석된 자연법이 있었던 것이다.

피에르 베일[67]은 로크에 대한 것보다 더 심한 생명의 위협으로

---

67) 앞의 주 34 및 그 본문 참조.

인하여 망명을 하고 있었다. 베일이 카톨릭으로 일단 개종하였다가 그것을 철회하였기 때문이다. 베일의 형은 프로테스탄트 신앙으로 목숨을 잃었다. 그러나 베일은 망명 위그노의 지도자인 피에르 쥐류[68]가 행한 저항에의 호소에 응하지 않았다. 그 대신에 베일은 관용 그 자체가 종교적 오류에 대한 유일한 기독교적 반응이고, 강력한 국가야말로 그러한 관용의 전제라고 주장하였다. 그러나 신앙을 같이하도록 강제하기 위하여 국가가 힘을 사용하여야 한다고는 어디에도 쓰여 있지 않았다.

베일은 『철학적 주해(*Commentaire philosophique*)』(1686년~88년)에서 "사람들을 억지로 끌고다녀서는 안 된다"(루카복음 14장 23절)라는 그리스도의 명령에 대한 일련의 장대한 고찰에 의하여 위와 같은 주장을 구축하였다. 동의하지 않는 사람을 개종시키려고 애쓰는 동안 힘을 사용하는 것은 그 응보로서 힘이 사용되는 것을 부추길 뿐이다. 모든 종교 중에서 기독교의 교의는 폭력과는 가장 양립하기 어렵고, 폭력의 사용에 의하여 제일 큰 타격을 받는 것은 기독교이다. 로마카톨릭 교도뿐만 아니라 같은 프로테스탄트 교도에도 반대하여 베일이 주장한 것은 기독교는 개인의 양심의 자유에 입각하고 있다는 것이었다. 모든 개인의 이성 또는 양심의 「자연의 빛(natural light)」이야말로 판단의 기준이다. 힘써 가지고 있는 신앙은 무엇이든 한결같이 존중되어야 한다.

---

68) Pierre Jurieu, 1637년~1713년.

의견이 인류의 행동을 결정하는 정도에 대한 그의 깊은 회의가 관용과 양심의 자유를 옹호하는 베일의 논변의 바탕을 이루고 있다. 사람들의 신앙이 아니라 정념이 남자와 여자를 사회 안에 어울리게 한다면, 특정한 종교적 의견의 꾸러미를 사람들에게 강요하는 어떠한 시도도 사람들의 정념의 작용을 왜곡하여 사회 평화에 파멸적인 귀결을 가져온다. 또한 베일의 회의주의는 어떠한 의견도 다른 의견보다 필연적으로 우월하다고 할 수 없다고 주장한다. 이를 받아들이는 사람에 있어서의 그리스도에 의한 계시를 제외하면, 철학이든 종교든 진리의 보편적 기준은 존재하지 아니한다. 이것은 로크의 주장은 아니지만, 역시 프로테스탄트주의의 논리에 좇고 있는 것이기는 하며, 신앙이라는 짐을 개인에게 지게 한다면 개인은 사회의 평화를 위험에 처하게 하지 않는 범위에서 스스로의 신앙의 내용을 결정하여야 한다고 말하였다.

볼테르로부터 인권선언에 이르기까지의 관용

관용의 옹호에 있어서 계몽에 특징적인 기여가 축적된 것은 아마도 신앙에서의 분열을 극복하려고 노력하는 과정의 일환으로서이었다. 볼테르의 『관용론(Traité sur la tolérance)』(1763년)은 중요하고도 매우 공개적으로 그 과정에 관여하였다. 그 배경을 이루는 것

은 위그노의 상인 장 칼라스가 그의 자식을 죽였다고 하여 1762년
에 툴루즈의 고등법원에서 사형을 선고받은 악명 높은 재판이다.[69]
(그림 5) 이 재판은 프랑스 국내에서 위그노의 처지가 불안정할 수밖
에 없음을 말하여 주고 있다. 관용이 사실상 널리 인정되어 있는 상
황에서도, 이 사건에서 전형적으로 드러나는 것과 같이, 위그노는
군중들의 패닉상태나 당국에 대한 민중의 압력에 대하여 취약한 채
로 있었다. 그러나 볼테르의 반응은 「사악한 위그노」라고 그가 서
술하였던 자들에의 특별한 공감에 기한 것이 아니었다. 그는 신학을
전제로 하지 아니하고 스스로의 주장을 내세웠다.

『관용론』은 의도적으로 비체계적으로 되어 있으며, 또한 비양거
리는 투이다. 볼테르에 의하면, 종교개혁 이래 프랑스 사회의 평화
를 가장 크게 어지럽혀 온 것은 종교적 열광자들이었다. 위그노들은
카톨릭의 박해를 받아서 이에 폭력으로 대항하였다. 관용이라고 하
더라도 그들에게 박해와 다르지 않은 것을 가할 가능성은 있었지만
실제로는 거의 일어나지 않았다. 게다가 상황은 변하였다. 통치는
보다 강력하게 되고, 사회는 보다 온건하게 되었다. 습속은 온화해
지고 철학은 미신의 힘을 빼앗았다. 현재는 이성의 시대이고, 이성
은 '늦기는 하지만 틀림이 없는 계몽에의 길'이었다. 결국 칼라스 사

---

69) 칼라스 사건은 1761년부터 툴루즈에서 일어난 형사재판을 가리키는데, 프로테
스탄트와 카톨릭 사이의 종교적 분쟁이 배경을 이룬다. 장 칼라스(Jean Calas)는
툴루즈의 프로테스탄트 상인인데, 그의 아들이 카톨릭을 믿는 것을 막으려고 그를
목 졸라 죽였다는 혐의로 재판을 받아 결국 교수형에 처해졌던 것이다.

(그림 5) 교수대 위의 장 칼라스(1762년). 이 판화는 손발이 수레바퀴에 뜯겨나가기 전에 칼라스가 위로를 받고 그 후 교수형에 처해지는 모습을 그리고 있다. 볼테르는 칼라스가 이런 취급을 받은 것을 종교적 불관용에 의한 공포의 상징으로 보았다.

건에서 법관이 보여준 엄청나게 잔인한, 그러한 방식의 불관용은 단지 시대착오이며, 흘러간 시대에로 후퇴하는 것이었다.

볼테르는, 고대의 사람들, 즉 그리스인, 로마인, 히브리인, 그리고 그리스도 자신은 기독교도보다도 훨씬 관용적이었음을 보여주는 엄선된 역사적 사례로써 자신의 주장을 뒷받침하였다. 그러나 주요한 논점은, 관용은 개인의 양심의 문제가 아니라 습속의 문제라는 것이었다. 문명은 종교적인 상이相異에 대한 관용이라는 특징을 가지며, 그것에 의거하고 있기도 하다. 그의 논의는 역사적이기는 하지만, 신학적이지는 않았고 엄밀히 말하면 철학적이지도 않았다. 사회가 보다 문명화함에 따라서 사회의 구성원은 고대 그리스·로마인의 행동이나 실제의 그리스도의 가르침을 이해하고, 또 이로써 서로를 보다 경의를 가지고 대하는 것을 배웠다. 계몽의 이러한 과정은 계속되어야 하며, 그것이 스스로의 종교적 편견으로 사회의 평화를 위협하고 있는, 시대에 뒤떨어진 법관의 손에서 깔아뭉개지는 일이 있어서는 안 된다.

계몽의 역사적 과정에 대한 이러한 신뢰는 그 후에 너무나도 빈번히 배반되었기 때문에 관용의 충분한 옹호론으로 확립될 수 없었다. 로크나 베일의 저작에 비하면, 볼테르의 『관용론』은 천박한 것으로 보일지도 모른다. 그러나 우리가 검토하여 온 대로, 로크나 베일은 관용을 프로테스탄트적으로 옹호하였던 것이어서, 비기독교도는 제쳐놓는다고 하더라도, 신학적 근거에 서서 카톨릭을 받아들인다는 것 따위는 애초에 있을 수 없는 일이었다. 이에 비하여 볼테르는, 여기서 신학을 문제삼아서는 안 되고, '사회의 물질적·도덕적 복리' 이상의 것은 이를 고려할 바가 못 된다고 인식하였다. 이러한 인식은 습속이 잘 발달한 사회는 광신을 조소하게 되어 있다는 그의 확인과 합하여서, 현세에 한정된 계몽 옹호론을 낳았던 것이다.

논의는 18세기의 마지막 4반세기에 다시 새롭게 전개되었다. 그때까지의 유럽의 가장 강력한 지도자들, 특히 프로이센 왕이나 오스트리아의 군주 또는 황제는 경제적 이유에 기하여 관용의 조치를 실행하도록 설득되어 있었다. 국가의 이해가 아직은 최고의 권위를 가지고 있기는 하였지만, 신앙의 통일의 강요는 사회질서의 수립·유지에 있어서 불가결이라는 신념은 이미 그 자취를 감추었다. 베를린에서는 모제스 멘델스존이 『예루살렘(Jerusalem)』(1783년)에서 국왕이 자유주의 정책을 취하는 경우의 이점을 논하고, 관용은 개인의 양심의 자유에 기하여 유태인의 종교 의례에도 확장되어야 한다고 주장하였다. 그리고 그에 이어서, 유태인은 강제력을 가지고 있지 못하며, 따라서 국가에 있어서 아무런 위협이 되지 않는 자발적 결사를 형성하는 것이 인정되어야 한다고 덧붙였다. 뒤늦게나마 프랑스의 군주까지도 낭트칙령의 폐지가 잘못이었음을 인정하고 1787년에 「관용령」을 발하여,[70] 아직 공적인 예배의 권리까지는 아니지만, 프로테스탄트 교도에게도 시민권을 부여하였다.

영국령 아메리카 식민지에서 일어난 반란으로 인하여 보다 적극적인 격려가 행하여졌다. 세속의 권력으로부터 독립한 종교적 자유의 이름으로 영국 국교회 체제가 부인되고, 식민자의 입장을 정당화하는 보편적 권리가 선언되었다. 이 사례가 잉글랜드의 비국교도에게 얼마 전의 로크의 관용 옹호론에 한계가 있음을 바로 인식하게 하고, 로마카톨릭 교도에 대하여서까지 스스로가 선택한 종교적 공

---

70) 루이 15세가 1787년 11월에 공포한 「베르사이유 칙령(Édit de Versailles)」에 의한 것이다.

동체에서 예배하는 자연권을 확장 적용하게 되었던 것이다. 그것은 카톨릭이 국가에 대한 위협이라는 브리튼 본토에서의 두려움이 수 그러들었음을 반영하는 것이기는 하지만, 관용 사상을 일반화하는 데 또는 적어도 탈종교화하는 데 기여하였다.

프랑스혁명이 일어난 직후 1789년 8월에 공표된 「사람과 시민의 권리 선언」 역시 마찬가지의 것을 시사하고 있었다. 그로부터 얼마 되지 않아서 국민의회는 이 선언이 신앙의 보편적인 자유를 아울러 의미함을 이해하고 그 해 말까지는 프로테스탄트에게, 2년 후에는 유태인에게 정치적 권리를 인정하였다. 인권에 기초한 논의는 매우 간단한 명백한 전제에 기하여 구축되었다. 아메리카 독립선언의 표현에 의하면, 이들 전제적 진리는 '자명'하였다. 그러나 모든 남성(과 여성)은 평등하며 보편적인 권리를 가진다는 사상은 일단 받아들여지게 되면 꽤나 급속하게 관용 및 종교적 자유에로 범위를 넓혀 갔다. 이 사상은 종교적 관용론 중에서도 가장 평범하면서도 동시에 가장 사람을 매료하는 것의 하나로서, 그것의 명확한 출현은 아메리카·프랑스의 두 혁명의 막을 연 두 개의 선언에까지 소급해 올라갈 수 있을 것이다.

성스러운 것과 속된 것

계몽이 종교의 역사적 이해 그리고 관용 옹호론에 공헌하였음은 계몽이 종교와 오로지 적대적이기만 한 일은 결코 없었다는 것으로써도 방증될 수 있다. 반대로 성직자 권력에 대한 보다 직접적인 도전은 18세기에 행하여진 세속적인 것과 신성한 것의 정치적 관계에 대한 고찰 중에서 발견될 수 있다고 생각된다. 그러나 이 경우에도 문제는 이미 긴 역사를 가진다. 기원 후 312년의 콘스탄티누스 황제의 기독교 개종에 이어서 로마제국이 제1종교로서 기독교를 채택한 이래로 위의 문제는 계속적으로 기독교 사상가들의 주요한 관심사이었다. 초기 기독교 사상이나 중세의 사상이 성속聖俗의 상호 연관의 승인과 지상을 천상으로부터 구별하려고 하는 충동과의 사이에서 흔들리고 있다고 한다면, 종교개혁은 세속 권력의 뒷받침이 프로테스탄트 교도에게도, 로마카톨릭 교도에게도 없어서는 안 되는 바임을 분명하게 하였다. 이를 확실하게 하기 위하여, 권력자들은 교회가 세속 권위를 침해하는 것을 막기 위한, 지금까지 찾아볼 수 없던 논의를 전개하였다.

프로테스탄트 측에서는 16세기 스위스의 성직자 토마스 에라스투스[71]의 이름을 딴 에라스투스주의라는 사상의 흐름이 주목된다.

---

71) Thomas Erastus, 1524년~1583년. 에라스투스는 스위스 출신의 개혁파 신학자

에라스투스주의는 성직에 따르기 마련인 강제적 권위는 원래 세속의 위정자에게만 인정된다고 주장한다. 영국 국교회에서는 다수의 사람이 이를 신봉하고 있었는데, 그것은 오히려 독특하게 이해된 것이었다. 홉스는 이러한 생각에 더욱 근본적인 표현을 주었을 뿐이었을 만큼 그 의미하는 바는 명쾌하였다. 로마카톨릭 세계에도, 물론 그에 비하면 소극적이기는 하지만, 그에 대응하는 사조가 '교황권제한주의(Gallicanism)'[72]의 형태로 발견된다. 교황권제한주의는 프랑스 군주가 교황의 권위에 도전하고자 할 때에 동원되었다. 보다 일반적으로 카톨릭 국가들에서 세속의 법정法廷과 과세課稅로부터 자립적이라는 성직자의 주장에 대립하여 이 입장에 서서 국가 권력은 로마법학자의 학설에 의존하여 「사법관할권」을 근거로 내세우면서 방어하고자 하였던 것이다.

관용에 관하여 17세기 후반에는 새로이 생겨난 맥락에서 이러한 논의들이 다시 행하여지고 발전되었다. 어떠한 입장에서도 세속의 권위는 내전에서든 국제 전쟁에서든 종교전쟁에로 귀착되는 것을 피할 것이 권유되었다. 은총의 요구가 사회의 평화를 위험에 처하게

로서 동시에 의사로서 하이델베르크대학교의 약학 교수이기도 하였다. 독일 남부 지방의 신학 등에 많은 영향을 미쳤다.

72) 군주 등의 세속 권력이 카톨릭교회에 대하여도 교황에 비견되는 지위에 있다는 입장. 교황지상주의(ultramontanism)와 대비된다. 그 연원이 종전에 Gallia라고 불렸던 프랑스에 있었으므로 Gallicanism이라고 불렸는데, 18세기에는 네덜란드 등의 저지低地 유럽에 퍼졌다. 교황권제한주의는 바로 뒤에서 보는 대로 국가의 사법관할권을 근거로 내세우기도 하는데, 이러한 주장은 특히 「사법관할권주의 (Jurisdictionalism)」라고 불린다.

하거나 위정자가 그 평화를 확보하기 위한 권위가 성직자에 의하여
도전을 받거나 하는 것은 다시 일어나서는 안 될 일이었다.

　이러한 태도의 하나의 발현은 유럽 여러 국가의 '세속적(civi)' 역
사 저작에의 새로운 관심이었다. 그 예로서 피에트로 지아노네[73]의
『나폴리왕국 시민사(Istoria civile del regno di Napoli)』(1723년)
를 들 수 있다. 이는 그의 『세 왕국(Triregno)』[74]과는 달리 성공적인
출판물이었다. (그림 6) 지아노네는 나폴리왕국의 국가체제를 그 법
제사를 통하여 재구성함으로써 교황이 나폴리의 상급 영주라는 주
장을 반박하고, 국왕의 지배권으로부터의 독립을 획득하기 위하여
성직자 조직이 여러 번에 걸쳐 행하여 온 각가지의 시도를 폭로한
다. 교회의 반발로 말미암아 지아노네는 유랑과 투옥을 당하지 않으
면 안 되었는데, 이 역사서의 영어 번역과 프랑스어 번역은 높은 평
가를 받아서 그의 저작은 후대의 계몽역사가들에 있어서의 모델이
되었다.

　지아노네의 숭배자이었던 에드워드 기번(1737년~94년)은 『로마
제국 쇠망사(Decline and Fall of the Roman Empire)』(1776년~88년)에

---

73) Pietro Giannone, 1676년~1748년. 이탈리아의 철학자, 역사가. 그는 나폴리에
　서 교황 권력의 확장에 반대하였고, 그러한 이유로 12년간 옥에 갇힌 후 결국 옥
　사하였다.
74) 이는 앞의 43면에서 본 대로 3부로 나누어져서(Il Triregno, ossia del regno
　del cielo, della terra, e del papa), 그리스도의 사명을 통하여 제시된 하늘의 왕
　국, 구약성서에서의 히브리인에 의한 땅의 왕국, 그리고 마지막으로 교회가 결국
　제시하기로 된 교황의 왕국을 다루고 있다.

(그림 6) 피에트로 지아노네.『나폴리왕국 시민사』의 프랑스어역
(1742년)의 속표지 그림. 지아노네는 나폴리의 역사가로서, 교회
의 엄한 비판자이었다. 그는 결국 투옥되기에 이르렀다. 원래
1723년에 이탈리아어로 출판되었던 이 책은 영어(1729년)와 프
랑스어로 번역되었다.

서 신성한 것과 세속적인 것의 관계라는 문제를 근원으로부터 파고
들었다. (그림 7) 그는 로마제국의 역사에서 기독교의 역할에 관하여

(그림 7) 에드워드 기번의 『로마제국 쇠망사』. 윌리엄 스트래헌과 토마스
캐델에 의하여 런던에서 출판된 제1권의 속표지이다(1776년). 이어지는
두 권은 1781년에, 마지막의 세 권은 1788년에 각 출판되었다.

콘스탄티누스 황제의 개종으로부터 그 설명을 시작한다. 그런데 그 설명을 하기 전에 그는 제1권의 마지막 2개의 장에서 기독교의 흥성의 원인을 설명하고, 나아가 기독교도가 콘스탄티누스 황제에 앞선 여러 황제의 시대에 받은 박해를 살펴본다.

　잘 알려져 있는 대로, 그는 이 중 최초의 장(제15장)을 기독교의 성장의 '제2의 원인'에 집중하여, "교리 그 자체가 설득력이 있다는 것, 그리고 그 위대한 창시자의 지배적 섭리"는 일단 접어둔다고 말하는 것으로 시작한다. 그 결과 그의 진정한 의도가 어떠한 것이든, 이들 장은 기독교에의 공격으로 읽힌다. 즉 그 공격의 대상은, 기독교가 유태교를 이어받은 것, 불사의 혼이라는 교리, 성직자의 야심, 그리고 순교자의 수와 동기가 믿음직한가 하는 점이다. 습속이 온화한 영국 국교도에게서조차도 보여진 엄한 반응에 맞닥뜨려, 기번은 놀랐을 것이다. 물론 그의 벗인 데이비드 흄을 놀라게 하지는 못하였더라도 말이다. 그리하여 원래의 서술을 제2권에서 이어감에 있어서 그의 어프로치는 바뀌어 있었다.

　삼위일체설에 관한 대논쟁에 대하여 그가 제21장에서 제시한 설명은 우습게 —때로는 굉장한 해학거리로— 받아들여지는 일도 있었지만, 교리에의 새로운 경의를 보이는 것은 아니었다. 기독교도에 있어서 신성한 것인 교회의 역사를 쓰기 위하여는, 교회 그 자체가 신학적 개념이라는 것을 인정하여야 한다는 것을 그는 자각하고 있었던 것으로 생각된다. 바꾸어 말하면, 교회와 제국, 신성한 것과 세속적인 것 사이의 관계에 대한 순수하게 세속적인 역사를 쓰는 것은 불가능하였다. 기번의 야심은 더욱 커져서, 성聖과 속俗 양편을 정당화하는 역사를 쓰려고 하기에 이르렀다.

그러나 기번은 거기서의 '신성한 것'을 기독교에 한정하지 않았다. 로마제국의 쇠퇴를 '야만과 종교의 승리'(볼테르로부터 표현을 차용하였다)로 특징지으면서는 이슬람과 기독교 양쪽이 그의 염두에 있었다. 1788년에 출판된 『로마제국 쇠망사』의 제50장에서, 그는 기독교를 다시 다루었다. 기독교의 역사를 서술하던 때와 마찬가지로, 기번은 덴마크가 아라비아 원정에서 발견한 것을 포함하여 유럽의 최신 연구성과를 이용하였다. 앞서와 같이 그는 여기에서도 비꼬기를 즐겨하였고, 장난을 의식하였다. 예언자 마호멧의 남자다움이 그럴 듯하게 받아들여지고 있다. 그러나 기번은 이슬람을 사회 현상 및 종교 현상으로 진지하게 다루었다. 이슬람은 그 기원에 있어서 사막의 종교, 물산집합지 메카와 메디나의 종교, 목축인 베두인 사람의 종교이고, 아메리카나 동아시아보다도 계몽의 역사에 있어서는 익숙하지 아니한 환경에 있다고 하였다. 또한 이슬람은 특징적으로 일신교로서, 그 강점은 엄격한 신의 단일성의 주장에 있었다.

기번이 말하는 바는, 마호멧은 젊은 시절 메카에서 접하였던 유태교나 기독교로부터 시사를 받았을지도 모른다는 것이었다. 그러나 신의 관념으로부터 마호멧은 삼위일체와 같은 기독교의 교리를 가능하게 하는 형이상학적 복잡성을 거둬냈다. 마호멧이 코란을 그

비일관성으로 말미암아 합리적 설명이나 역사적 비평을 허용하지 않는 성스러운 텍스트로서 구성하였다는 점이 중요하다. 이와 같이 함으로써, 고도의 지식에 바탕하여 세속의 권력에 도전하는, 종교적·세속적 야심을 가진 독립한 성직자 계급의 성장을 애초부터 허용하지 않았다. 신앙과 단식, 희사喜捨라는 단순한 가르침으로써 이슬람은 모든 사람에게 접근 가능하고 그 가르침에 따르는 사람에게 예정된 영원한 쾌락이라는 전망을 주는, 단독의 종교적이고 도덕적인 규약이 되었다(바꾸어 말하면 이슬람은 도덕의 자연법과 신의 은총에 의한 구제라는 기독교의 특징을 받아들이지 않았고, 세속과 신성의 구별을 없앴다). 이러한 단일신론은 '광신'에 기울게 되는 위험한 특징을 많이 가지고 있었고, 마호멧이 그 가르침을 불신심자의 정복에로 향하게 한 때에는 특히 그러하였다. 그러나 이슬람은 기독교와 같이 불관용적인 유일신론은 아니었다. 기번이 덧붙이고 있는 대로, "관용을 지지하는 코란의 구절은 힘에 차 있으며 아주 많기" 때문이다.

기번의 『쇠망사』는 기독교와 이슬람교의 신앙을 그저 어리석은 것이라거나 엉터리 가짜라고 물리치지 아니하고 이와 정면에서 다룬다는 점에서 계몽에 있어서의 종교와의 관계에 관한 최상의 성과라고 할 만하다. 분명히 계몽주의자에 해당하는 철학자나 역사가는 성직자의 주장, 불관용, 교리적인 무지몽매주의 또는 미신이나 열광에 적대적이었다. 흄과 같은 소수의 사람은 더 나아가서 종교적 진리라고 하는 주장의 전후 모순성을 폭로하고, 기독교의 도덕적 가르침은 사회생활에 필요한 가치에 모순한다고 주장하였다. 그러나 기번이나 다른 많은 사람이 종교에 대하여 그리고 종교의 자연사自然史, 세속사, 계시사에 대하여 드러낸 관심은, 종교적 교리와 실천을 또는 사회의 평화나 타인의 신앙의 자유를 위협함이 없이 이 세상에서 그러한 관심을 추구할 수 있는 조건을 이해함에 관하여 중대한 공헌을 하였다. 이렇게 하여 계몽사상가는 세속화(secularization)라는 보다 긴 과정에 공헌하였다고도 말할 수 있다. 그러나 그들이 그렇게 한 것은 종교 일반이나 기독교(또는 이슬람교)를 개별적으로 공격함으로써가 아니고, 이 세상에서의 종교에 초점을 맞춘 회의주의적이고 역사적인 탐구에 바탕하고 있는 것이다.

제 3 장
사람의 처지를 개선하다

애덤 스미스(1723년~90년)가 최초의 저작 『도덕감정론(*Theory of Moral Sentiment*)』(1759년)에서 제기한 물음은, "처지 개선(bettering our condition)이라고 우리가 부르는 인생의 큰 목적에 의하여 달성하고자 하는 이익은 무엇인가"라는 것이었다.[75]

이에 대한 그의 답은 지금으로서는 놀랄 만하다고 여겨질 수도 있는 것이다. 즉 "관찰되는 것, 주목되는 것, 공감과 호의와 명확한 긍정으로써 주의가 기울여지는 것, 이것이 우리가 그로부터 끌어낼 것을 의도할 수 있는 이점利點의 전부이다. 안락 또는 기쁨이 아니라 허영이 우리의 관심을 끄는 것이다."[76]

스미스가 처지의 개선을 도모하는 인간의 욕구에 대하여 서술한

75) Adam Smith, *The Theory of Moral Sentiment*, ed. by D. D. Raphael and A. L. Macfie (Indianapolis: Liberty Fund, 1982), I. iii. 2. 1.
76) *Ibid.*, I. iii. 2. 1.

최초의 사람은 아니다. 1728년 네덜란드의 철학자 베르나드 망드빌 77)은『벌꿀의 우화(Fable of the Bees)』78)의 제2권에서, 인간의「처지를 개선하고자 하는 항구적 욕구」를 사회 형성의 원인으로 제시하였다. 망드빌은 애덤 스미스와 마찬가지로 이 욕구가 물질적 재화에 한정된다고는 생각하지 않았다. 이와는 별도로 그는, 자기 보존에 필요한 재화의 탐색으로 이끄는 '자기애(self-love)'를, 타인과 비교하여서 자기 처지를 개선하도록 몰아가는 '자기애착(self-liking)'과 구분하였다. 이 점에서 처지 개선은 물질적 재화에의 접근을 필요로 한다. 그러나 그에 성공하는가 여부의 척도는 물질적 재화의 소유 그 자체라기보다도 지위의 획득, 즉 자신을 타인으로부터 존경을 받는 지위에 두는 것이었다. 다만 망드빌도 스미스도 처지 개선의 욕구를 승인하지 아니하거나 반대하려고 하지 않았고, 오히려 그 반대이었다. 그 처지 개선의 노력은 사회의 불평등의 악화 또는 도덕적 가치의 충돌 없이는 끝날 수 없을지도 모른다는 것을 두 사람은 스스로 깨닫고 있었다.

이 장에서는 18세기의 도덕철학, 역사, 경제학에 있어서의 인류의 개선이라는 주제를 탐구한다. 계몽사상의 가장 위대한 독창성은 인류 개선의 동기와 원인과 전망의 철저한 탐구를 행하는 이들 분야

---

77) Bernard de Mandeville, 1670년~1733년. 네덜란드의 로테르담에서 태어났으나 생애의 대부분을 영국에서 지냈고, 저작도 대체로 영어로 출판하였다.
78) 이 책은『사적인 악, 공적인 이익(Private Vices, Publick Benefits)』이라는 흥미로운 부제를 달고 있다.

에서 찾을 수 있다. 그 탐구의 중심은 사회의 개념, 즉 우리가 왜 사회를 이루어 사는가(sociable) 또는 우리는 왜 그렇게 되었는가, 그리고 사회는 역사적으로 어떻게 발전하여 왔는가 하는 문제이다.

이 탐구에는 도덕적 가치의 충돌이 필연적으로 전제되어 있었다고 하는 것도 아울러 고찰할 것이다. 더 나아가 문제가 되어야 할 점은 무엇인가? 그것은, 타인을 희생으로 하여서라도 개선을 추구하려고 하는 것이 가져오는 도덕적 · 정치적 여러 귀결에 대한 장 자크 루소의 비판이 계몽사상의 가장 고유한 독창적 공헌이라는 점이다. 그럼에도 불구하고 그 비판에의 응답으로서, 자칫하면 상반하는 이들 여러 가지의 귀결이 도출되었음을 부정하는 것이 아니라 처지의 개선이 인류에 커다란 공헌을 하였다는 것이 제시되었다. 그 공헌이란 즉 굶주림으로부터 해방될 수 있다는 전망을 주어서, 생활의 「필수품과 편의품」의 응분의 몫을 모든 사회계급에 분배하는 것이다. 이 응답은 경제학의 형식으로 행하여졌는데, 그 가장 위대한 제창자는 『국부론(*Wealth of Nations*)』(1776년)의 저자 애덤 스미스이다. (그림 8)

The Author of the Wealth of Nations

(그림 8) 후기 스코틀랜드 계몽의 주요한 인물들 모두를 풍자적으로 그린 존 케이(John Kay, 1742년~1826년)의 「국부론의 저자」(1790년).

도덕철학과 사회성(sociability)

18세기가 되기 전에 유럽의 도덕철학에서는 자연법의 언어가 퍼져 있었다. 17세기 중엽까지 자연법을 가장 잘 제창한 것은 토마스 아퀴나스의 유산을 재구축한 「제2스콜라학파」의 카톨릭 철학자들이었다. 그 사이에 프로테스탄트는 그것과는 다른 스스로의 철학적 전제를 자연법에 적용하여 타인의 향상을 추구할 의무를 정면에서 강조하였다. 카톨릭계 스콜라학파의 자연법이 1650년을 지나면서부터 급속하게 쇠퇴한 이유가 무엇인가는 여전히 불명이다. 그러나 신을 대리하는 행위의 문제와 의지의 자유라는 문제에 대한 관심이, 개인의 행동에 관련되는 특정한 도덕적 문제에 해결의 실마리를 주고자 하는 결의론決疑論[79]에 대한 관심을 드높였다고 생각된다.

같은 시기에 프로테스탄트의 자연법은 중요한 두 사람의 관여에 의하여 변화하였다. 한 사람은 후고 그로티우스로서, 그의 『전쟁과 평화의 법(De Jure Belli ac Pacis)』(1625년)은 카톨릭의 법학자에 의하여 발전되었던 '권리'의 개념을 사용하여, 타인을 존경하여야 한다는 명령에 대하여 계약에 의한 합의의 귀결로서 다시 그 근거를 제공하였다. 다른 한 사람은 홉스로서, 그의 『시민론(De cive)』은 인간

---

79) casuistry. 구체적으로 제기되는 그때그때의 상황에 맞추어 문제를 개별적으로 해결하고자 하는 윤리학적 태도를 가리킨다.

은 태어나면서부터 사회적이라는 아리스토텔레스의 주장을 공격하고, 인간 사이의 평화는 자연권을 버리고 절대 주권을 용인하는 것을 통하여서만 달성된다고 결론지었다. 홉스의 논의에 의하면, 인간은 정념에 지배되며 그 결과로서의 자연적 비사회성은 타인의 향상을 적극적으로 추구하여야 한다는 주장을 무의미하게 하는 것이었다. 그 후의 자연법사상가들은 이 홉스의 이러한 도전에 응답하여야 했다. 그리고 그들 중 많은 이는 사회성의 의무의 재구축을 가능하게 하는 개념을 구하여 그로티우스에 다시 돌아갔다.

독일의 철학자 사무엘 푸펜도르프[80]는 이 문제를 해결하고자 시도한 최초의 사람 중 하나였다. 그 시도에 의하여 그는 그후 18세기에까지도 정면에서 다루어져야 하는 프로테스탄트 자연법학의 논제를 설정하였다. 푸펜도르프는 그 주저가 『자연법과 만민법(*De jure naturae et gentium*)』(1672년)이고, 이를 교육 목적으로 요약한 입문서는 영향력이 있었던 『인간과 시민의 의무(*De officio hominis et civis*)』(1673년)이다.

푸펜도르프에 있어서 자연법이란 신의 명령에 의하여 인간에 대하여 서로 사회지향적이 될 의무를 부과하는 것이었다. 그러나 그는 '정념의 지배'라는 홉스적 용어로써 인간의 자연상태의 특징을 포착하는, 자연적 사회비지향성의 테마를 실질적으로 인정하기도 하였

---

80) Samuel Pufendorf, 1632년~94년. 독일의 정치철학자, 법률가. 죽기 몇 달 전에 스웨덴 국왕에 의하여 작위가 주어졌다.

다. 이 문제에 대한 푸펜도르프의 해결책은 그로티우스나 홉스와는 달리 인간이 권위를 받아들이는 이론적 장치로서의 계약이라는 사고틀에 의존하는 것을 뒷전으로 미루었다. 그 대신에 푸펜도르프가 주장한 것은 인간은 공동체(civitas)에 들어오기 전에 중간 단계로서 **사회성**(socialitas)이 있다는 것이었다. 남자든 여자든 상호의 필요 또는 '효용'에 기하여 의심을 품으면서도 이 중간 단계에 들어간다. 인간은 애초부터 사회지향적인 것이 아니라 시간이 지나면서 그렇게 되는 것이다. 국가 설립의 합의 이전에 사람은 자연법을 의식하게 되었다는 것에 기하여 사회성의 문제는 역사 속에서 해결되었다.

푸펜도르프의 자연법 개념은 크리스티안 토마지우스[81]에 의하여 다시 다루어졌다. 그는 프로이센의 신설 할레 대학교(1694년 설립)에서 가르치면서 이를 교육의 대상으로 삼았다. 토마지우스는 자연적 비사회성에 대한 주제의 하나를 반복하여, '작법(decorum)'의 문화 덕분으로 반사회적 정념은 점차로 억제된다는 주장을 거듭하였다. 자연법은 신의 의지인데, 사람은 시간을 들여 이것을 배워가는 것이다. 국가의 고유한 목적은 특히 종교적 정념과 같은 여러 정념의 억제를 보증함에 있다고 그는 덧붙였다.

인간이 사회성에 관련된 자연법을 획득하는 것에 대한 푸펜도르프의 설명은 라이프니츠[82]로부터 도전을 받았다. 라이프니츠는, 자

---

81) Christian Thomasius, 1655년~1728년.
82) Gottfried Wilhelm von Leibniz, 1646년~1716년.

연법이란 인간 이성이 신의 본질적으로 선한 성질에 참여하는 것을 통하여 알 수 있다고 하는 생각을 새삼 강조하였다. 크리스티안 볼프[83]는 이를 형이상학에 대하여 그렇게 한 것과 마찬가지로 받아들였다. 그러나 18세기 독일의 프로테스탄트 자연법사상에 지배적인 경향은 오히려 푸펜도르프와 토마지우스에 유래하는 것이었다. 철학사에 대한 분명히 '절충적'인 태도에 뒷받침되어서, 푸펜도르프의 자연법은 할레뿐만 아니라 하노버 영내에서 새롭고도 점점 중요성을 더하는 괴팅겐 대학교(1737년 설립)에서의, 그리고 실제로 프로테스탄트의 북유럽 전체에서의 교육을 활성화하였다.

이와는 달리 보다 그로티우스에 기울어지는 홉스에의 응답은 존 로크의 『통치 2론(*Two Treatises of Government*)』(1690년)에서 행하여졌다. 로크는, 신의 명령에 의하여 우리는 내세에서의 제재의 고통을 배경으로 하면서 우리 자신의 선뿐만 아니라 타인의 향상도 도모하도록 정한 자연법의 직접적 의무 아래 놓여져 있다고 보았다. 그는 사회와 정부는 계약에 의하여 만들어지는 것이라고 이해되어야 한다고도 주장하였다. 그러나 "지금까지 어떠하였던가 하는 점으로부터 권리란 어떠한 것이어야 하는가를 주장하려고 하여도 이는 설득력이 없다"는 것을 인정하였음에도 불구하고, 신성한 역사와 직전에 발견된 아메리카의 양쪽으로부터 증거를 이끌어낸 로크는 사회의 출현에 관한 역사적 차원의 존재를 용인하고 있었다. 유명한

---

83) Christian Wolff, 1679년~1754년.

말인데, "애초 세계는 모두 아메리카와 같았다"고 그는 말하였다. 그러나 그때 이래로 사회는 —아메리카의 원주민은 별도로 하고— 토지 소유의 도입과 화폐의 발명에 의하여 부의 축적이 가능하게 되는 것으로 변화하였다. 이들 새로운 제도는 시간의 흐름에 좇아 생겨난 것으로서, 통치계약이 필요불가결하였다.

푸펜도르프의 논의를 로크가 수정한 것은 독일 밖에서 다양한 모습으로 받아들여지고 흡수되었다. 그 종합을 시도한 사람 중 하나가 글래스고우 대학교의 평의원이면서 도덕철학 강좌의 초대 교수이었던 거숌 카마이클[84]이었다. 그러나 18세기 초엽에 프로테스탄트의 자연법학을 통일하고, 그 교리에 관한 모든 주요 저자의 작품을 편집하여 주를 붙였을 뿐만 아니라 자연법학으로서의 도덕철학의 '역사'로서 가장 널리 읽힌 작품 중 하나를 집필한 것은 장 발베라크[85]이었다.

그 사이에 카톨릭의 사상세계에서는 사회성의 문제가 다른 맥락을 통하여 전면에 대두되었다. 그것을 촉발한 것이 블레즈 파스칼(1623년~62년)의 『시골 벗에게 보내는 편지(*Lettres provinciales*)』(1657년)였다. 이 『편지』는 엄격한 아우구스티누스주의 신학에 고무되어서, 도덕적 결의론決疑論과 제수이트회 선교사와의 타협에 대하여 조롱을 담아 용서 없는 공격을 가하였다. 그는 정념에 이끌린 탐

---

84) Gershom Carmichael, 1672년~1729년. 스코틀랜드의 철학자.
85) Jean Balveyrac, 1674년~1744년. 프랑스의 법률가로서, 푸펜도르프의 자연법에 관한 저서를 프랑스어로 번역·출간하기도 하였다.

욕이야말로 인간을 타락하게 한다고 주장하였다. 이로써 파스칼은 인간을 사회지향적이라고 보고 그 지향을 보유·유지하는 자연법의 가능성을, 나아가 그러한 자연법의 고대에 있어서의 선구자에 해당하는 스토아주의의 가능성을 실질적으로 부정하였다. 그러나 타락이 자연적 사회성을 불가능하게 한 것이라면, 그 사회에서 인간은 어떻게 살아가면 좋았을 것인가? 파스칼, 그리고 그의 벗으로서 아우구스티누스주의자인 피에르 니콜[86]은 이기심이 인간을 하나로 어울리게 한다고 가정할 수 있을 뿐이었는데, 어떻게 해서 그렇게 되는지에 대하여는 언급이 없었다. 이와 같이 아우구스티누스주의 도덕신학에 의거하는 정도가 높아지게 되면서, 동시에 고대에 있어서 스토아주의에 갈음하는 선택지이었던 에피쿠로스주의 철학에의 관심도 생겨났다. 에피쿠로스주의의 관점에서는 도덕적 탁월성을 추구하는 자세보다도 유용함이나 쾌적함이 사회를 이루어 모여 살게 되는 최선의 기초로 간주되었다. 그러나 파스칼과 니콜이 인정한 대로, 그러한 세속성은 타인과 어울리는 장면에 있어서 기만이 행하여지는 것과 분리될 수 없었다.

　이러한 아우구스투스주의의 관점은 프로테스탄트 세계에서도 공감을 얻었는데, 그것은 베르나드 망드빌의 사회 비평에서 찾아볼 수 있다. 망드빌의 착상은 여러 도시 중에서 가장 크고 가장 근대적

---

86) Pierre Nicole, 1625년~95년. 파스칼에 많은 영향을 주었던 장세니즘(Jansénisme)의 가장 주요한 저술가의 하나.

인 런던에 그 근원을 두고 있다. 어떤 견지에서 보면, 그의 『벌꿀의 우화』(1714년 초판, 1723년 증보판)는 풍자이고, 런던에서 일이 되어가는 방식을 도덕적 제약을 부과함으로써 '개선'하려고 하는 사람들의 위선을 폭로하려는 것이었다. 그러나 보다 밑바탕에서 그것은, 망드빌 자신이 주장하였던 것처럼, 근대적 사회성이 작동하는 틀을 분석하는 철학적 저작이었다.

처음에 그가 인정한 것은, 인간의 비사회적 정념은 정의의 체계를 제도화한 홉스적인 장치에 의해서만 다스려질 수 있다는 것이었다. 그러나 런던과 같은 도시에서 그러한 장치는 남녀 어느 편에 대해서도 정념의 방종을 허용할 가능성이 여전히 크다. 망드빌은 특히 사치한 소비자와 유행의 주요한 담당자인 여성의 역할에 관심을 가졌다. 도시에서는, 시골과는 달리, 얼마 안 되는 수입밖에 없는 사람도 주변 사람들에게 자신이 보다 상위의 지위에 있다고 납득시키도록 하는 옷차림을 할 수 있었다. 망드빌은 사치한 소비가 가지는 경제적 편익을 강조하였다. 그것은 고용을 창출하고, 상업을 활성화하며, 다양성을 촉구하였다. 그것은 위선을 실질적으로 불가피하도록 하였다. 그러나 부의 분배와 개인의 자존감이라는 관점에서 긍인되는 이러한 편익은 항간에서 흔히 말하여지는 도덕적 부담을 훨씬 넘는 것이었다. 망드빌은 런던이 인간의 처지 개선을 상징하고 있음에 의문을 달지 않았다.

그러나 그의 논의는 설명적이라기보다는 도발적인 것이었다. 그것은 전통적인 기독교 도덕을 비웃는 것일 뿐만 아니라, 그가 칭송하는 행동에 대한 일관된 도덕적 정당화를 실패하게 하였기 때문이다. 그러나 그러한 정당화는 18세기 초엽부터 중엽에 걸쳐서 잉글랜드와 아일랜드, 그리고 스코틀랜드의 몇몇 철학자들에 의하여 시도되었다. 망드빌에 비판적인 사람들은 『인간, 습속, 의견, 시대의 특징들(*Characteristics of Men, Manners, Opinions, Times*)』(1711년)의 저자인 샤프츠베리 경[87]으로부터 가르침을 얻었다. 샤프츠베리 경은, 자연적 비사회성이라는 홉스의 주제 그리고 도덕은 내세에서의 제재를 불러일으킨다는 로크의 주장을 모두 공격하였다. 그 대신 그는 행위양식의 규칙으로서의 도덕이라는 생각을 제시하였다. 그 규칙은 스토아주의의 원리에 기하는 한에는 자연적인 것인데, 규칙의 습득에 전심할 수 있는 유한有閑의 신사에 의하여서만 지켜질 수 있는 행동준칙을 설정하려는 것이라고 할 수도 있었다.

아일랜드 출생의 장로회파 철학자인 프랜시스 허치슨[88]은 샤프츠베리 경에 촉발되어, 자연적 사회성을 옹호하는 선명하고 인상적인 시도를 함과 동시에 근대 사회에 보다 적합한 도덕을 제시하였다. 허치슨에 있어서, 도덕이란 취미와 마찬가지로 감정에 유래하는 것으로 이해되어야 한다. 특히 도덕의 경우에는 타인에게 자연적인 인자함이나 사랑을 드러내는 '도덕감각'에 유래하는 것이다.

---

87) 3rd Earl of Shaftesbury, 1671년~1713년. 그의 원래의 이름은 Anthony Ashley Cooper이다.
88) Francis Hutcheson, 1694년~1746년.

도덕철학의 강좌를 카마이클로부터 이어받기 위하여 1730년에 더블린에서 글래스고우로 옮겨온 허치슨은 교수 취임 강연에서 전적으로 사회성의 문제를 다루었다. 그는 홉스와 푸펜도르프의 에피쿠로스주의를 공격하고, 자연적인 사회친화적 정념이 정치사회를 형성하는 전제조건이라고 논하였다. 허치슨은 이러한 자연적 정념을 신에 의한 이 세계의 질서 부여에 기인하는 것이라고 하였는데, 여기서 내세의 제재는 도덕적 문화에 대한 추가적 유인誘因으로서만 지적하였다. 그 이상으로 엄격한 스코틀랜드의 장로주의자들이 의아하게 생각한 대로, 로크가 지지함으로써 힘을 얻었던, 내세의 상벌에 기초를 구하였던 도덕이 끼어들 여지는 허치슨에게는 거의 없었다.

데이비드 흄은 먼저 『인간본성론(*Treatise of Human Nature*)』(1739년~40년)의 제2권과 제3권에서, 그리고 이어서 『도덕 원리의 연구(*Enquiry concerning Morals*)』(1751년)에서 망드빌에 대하여 더욱 철저한 응답을 행하였다. 그리고 그 응답은 어떠한 형태의 것이든 신에 의거하지 않는 것이었다. 흄은 사람은 남녀를 불문하고 가족이나 우정으로 맺어진 사람들에 대한 특별한 인애仁愛를 포함하여 자연적 능력과 덕을 가짐을 인정하였다. 이러한 능력이나 덕은 그에 의하여 영향을 받는 사람들에 있어서는 직접적으로 유용하고 마음을 즐겁게 하는 성질을 가진다. 사람이 이들을 인정하는 것은 '공감(sympathy)'이 발현된 결과라고 흄은 설명하였다. 즉 "통상적으로 우리는 타인의 눈에 비치는 우리 자신을 살펴보고, 우리에 대하여 그들이 품는 좋은 감정에 공감한다"는 것이다. 자연적인 덕이라고 하여도 공감적 관찰의 과정을 통해서만 인정되는 것이다.

나아가 흄은, 소유권과 통치, 즉 사회의 기초를 이루는 이들 제도가 근거하고 있는 정의正義의 덕은 직접적 의미에서는 자연적이라고 할 수 없다고 주장하였다. 정의는 인위적인 덕이고, 인간의 묵시적 약속이다. 이는 정의가 애초의 한 번뿐인 계약의 결과임을 인정하는 것이 아니었다. 그와 같이 가정하는 것은 개념적으로 일관성이 없고, 동시에 역사적으로 설득력 있는 것도 아니었다. 정의가 인위적이라는 것은 시간의 흐름을 통하여 충분히 많은 사람들 사이에서 동의를 얻고 인정을 받는 것으로서만 존재할 수 있기 때문이다. 흄은 이와 같이 하여 달성된 정의에 '자연법'이라는 호칭을 부여할 용의가 있었는데, 이때 자연적이란 시간의 경과로써 인정되었기 때문이었다. 흄은 신에 의하여 세계에 질서가 부여됨에는 일절 언급하지 아니하고 사회성과 도덕의 함양을 엄밀하게는 세속적인 기초 위에 두었다.

도덕에 대한 마찬가지의 일반 이론으로서 조금 애매하고 세속적인 다른 견해는 애덤 스미스가 『도덕감정론』에서 제기하였다. 스미스는 다른 사람의 동기와 반응에 대하여 관찰자로서 대응하여 타인의 행동의 적절성과 유용성에 관한 도덕 판단에 도달할 수 있도록 이를 세밀하게 관찰하여서, 인간의 공통적 성질로서의 '공감(sympathy)'의 원리에서부터 논의를 개시한다. 사회에서의 불평등성 및 도덕적 행동을 기대하는 상황의 다양성이 이미 상당한 정도로 심화되어 있음을 전제로 하면서, 스미스는 도덕적 판단의 커다란 복잡성의 탐구라는 점에서 흄을 훨씬 뛰어넘는 정도에까지 나아갔다. 이렇게 하여 스미스는 우리가 자신을 희생하면서 자기들의 처지 개선을 꾀하는 사람들을 긍정적으로 평가하는 것을 설명한다. 우리는 이러한 사람들을 칭송하고 모방하려고 하는데, 이렇게 함을 통하여서 사회 조직의 유지를 돕는 것이다.

그러나 스미스는 통상의 관찰자의 시점을 기준으로 하는 것으로 과연 도덕 판단의 최고 수준을 달성할 수 있는지 여부를 점차로 문제삼게 되었다. 스미스의 『도덕감정론』은 그가 사망한 1790년에 출판된 제6판으로 정점에 달하지만, 초판에 이어지는 여러 판에서는 '공정한 관찰자(impartial spectator)'라는 관점이 도입되고 전개된다. 그것은 행위가 벌어지는 상황을 잘 알고 있고 또한 통상의 관찰자의 의견에 좌우되는 일이 드문 관찰자를 말한다. 그러나 그러한 제약이 가하여졌다고 하여도, 스미스는 도덕을 이성이 아니라 감정에 기초하여 설명하는 것을 그치지 않았고, 도덕감정이 시간이 지남에 따라 더욱 세련되어 간다는 것도 계속적으로 전제로 하였다.

타인의 동기와 처지에의 공감은 설득력 있는 도덕철학의 기초로서는 충분하지 아니함을 스미스는 인정하였다. 이로써 우리는 그에게 선견지명이 있음을 알 수 있다. 그것이 바로 이마누엘 칸트가 밀고 나간 반대 주장의 근거 그 자체이었던 것이다. 흄이 상정한 바와 같이 "타인의 눈에 우리가 그렇다고 보이는 바대로" 우리 자신을 이해하는 것으로는 도덕의 기초가 결코 충족되지 아니한다. 칸트는 사회 행동의 역사적 관찰로부터 도덕을 끌어내지 아니하였고, 진정한 도덕 원리는 선험적으로(a priori) 형성되고 이성에 의하여 의욕되는 것이라고 보아야만 한다고 주장하였다. 그와 같이 하여 칸트는 유명한 짤막한 저작인 『도덕형이상학 원론(*Grundlegung zur Metaphysik der Sitten*)』(1785년)에서, 도덕 원리는 '정언명법'의 보편적 공식, 즉 "동시에 보편적 법일 수 있는 격률格率에 의하여 행동하라"는 정식에 기초를 둔다고 논하였다. 그리하여 칸트는 도덕 가치는 보편적으로 적용되어야 한다는 자연법의 원리로 돌아갔다. 그러나 그는 그 근거로서 신의 명령도, 신에 의한 세계 질서에 대한 합리적 이해도, 또는 인간적 동의나 준수할 수 있는 합의도 전혀 끌어들임이 없이 그렇게 한 것이었다. 도덕에 있어서의 이성의 복권은 일정 부분 크리스티안 볼프의 형이상학적 전통과 관련을 가진다. 그러나 칸트는 자신의 철학이 새로운 것이라고 주장하고, 자연법학자이든지, 감정과 관찰자의 판단에 기초를 구하는 도덕철학의 영국인 주장자이든지 불문하고, 이들 선구자 모두로부터 그 자신의 철학을 구별하였다.

칸트는 "계몽이란 무엇인가?"라는 물음에 대하여 이성을 대담하게 공개적으로 사용하는 것이라고 답하였다. 그 바탕에서 그는 개인의 도덕적 자율을 제시하였다. 자신의 선구자들에 대한 칸트의 비판은 매우 강력한 것이어서, 그의 말을 그대로 수긍하도록 유혹한다. 그러한 유혹은 그의 철학을 도덕에 관한 계몽사상의 정점으로, 또 그 자체로서 계몽의 도덕철학을 구성하는 것으로 이해하도록 하는 데까지 미친다. 그러나 18세기의 도덕적 탐구를 그와 같이 단순화하여 서술하는 것은 비역사적일 뿐만 아니라, 칸트의 아프리오리한 윤리학이 사회성의 문제에 해결책을 제시하여 주지 못하였다는 사실을 간과하는 것이다. 오히려 칸트는 사회성 문제의 다루기 어려움을, 그 문제를 '비사회적 사회성(unsocial sociability)'이라고 다시 파악함으로써 스스로 인정하는 셈이다. 그렇게 함으로써 그는, 이 문제가 인간의 역사의 문제임을 받아들인 것이다. 인간성의 '비틀린 재목材木'[89]이라고 불리는 정념이 우세하였던 그 역사는, 남녀가 정언명법의 규칙에 좋는다는 설명이 현재에도, 그리고 예견가능한 장래에도 제한적으로만 적합하거나 아예 맞지 않음을 의미하였다.

칸트는 「세계시민의 관점에서 본 보편사의 이념(Idee zu einer allgemeinen Geschichte in weltbürgerlicher Absicht)」(1784년)에서 다음과 같이 주장하였다. 만일 인류가 '섭리'가 인간 존재에 목적을 부여한다는 생각을 복권시킨다면, 적어도 원리상으로는, 정언명법이라는 기준의 점차적 용인을, 나아가서는 진정한 도덕적 사회성의 달성을 구상하는 것은 가능하다. 그러나 뒤에서 보는 대로, 역사에 목적

---

89) 이는 본문의 바로 뒤에 나오는 칸트의 글 「세계시민의 관점에서 본 보편사의 이념」에 나오는 유명한 말이다("사람이 그것으로 만들어진 그 비틀린 재목으로는 똑바른 것이 재단될 수 없다"). 영국의 유명한 사회사상사가 · 정치철학자 아이자이어 벌린은 여기서 그의 글을 모은 책의 제목 『인간성의 비틀린 재목(The Crooked Timber of Humanity: Chapters in the History of Ideas)』(1991년)을 따왔다.

이 있다는 상정想定은 칸트 이외의 계몽의 역사가나 역사철학자들이 줄지어 부정한 바이다. 왜냐하면 가령 인류가 역사를 통하여 원초적 내지 자연적인 비사회성을 극복한다고 말할 수는 있다고 하더라도 여전히 동일한 그 역사가 인간끼리의 적대 또는 싸움에 대한 역사적 해결의 전망을 거의 제공하여 주고 있지 않기 때문이다. 물론 역사가 확실히 손에 쥐어주는 것이 하나 있기는 하다. 그것은 인간의 물질적 처지의 개선이라는 현실적 전망이다.

역사

계몽과의 관계에서 역사를 정면에서 다룬다는 작업은 볼테르, 흄, 로버트슨 및 기번에 의한 위대한 전망적 서술에 의하여 ─물론 그것이 전부는 아니라고 하여도─ 제시된다. 이들은 단순히 르네상스 시기의 선배인 마키아벨리나 귀차르디니[90]의 전통에 따른 서술에 불과한 것은 아니다. 그들은 확장된 분석적 시좌視座에 자신의 위치를 잡는 점에 있어서는 오히려 '철학적'이라고 공공연히 언명하였다.

계몽의 역사가는 정치적 사건은 그것이 발생하는 '사회'의 틀을

---

90) Francesco Guicciardini, 1483년~1540년. 이탈리아의 작가, 역사가이자 정치가. 피렌체에서 메디치 정권에 가장 충성한 가문이던 귀차르디니 가문의 일원.

배경으로 이해되어야 한다고 믿었다. 역사가란 계급 분포와 같은 사회구조와 아울러 민족의 '습속'에도 주의를 기울여야 한다. 또한 역사가는 여러 국민이 지리적 장소, 풍토, 경제적 생존수단에 의하여 제약된다는 점도 의식하고 있어야 한다. 이러한 요소들은 18세기 이전에도 무시되고 있지는 않았다. 16세기에 들어와서 지금까지 알려지지 않았던 대륙과 여러 민족이 발견된 이래로, '역사를 이야기하는 기술技術'에 관한 저술가는 그 기술의 실천자에게 위와 같은 요소를 고려에 넣도록 재촉하였다. 그러나 그 실천은 종래의 유럽 역사가에게는 손이 잘 미치지 않는 명백히 새로운 도전이었다. 18세기에 들어와서 비로소 그러한 점들이 다루어져서 계몽의 역사 서술에 특유한 속성이 되었다.

계몽의 역사가에게 이러한 생각을 다른 어떠한 저작보다도 힘써 고취한 저작은 몽테스키외 남작(1689년~1755년)[91]의 『법의 정신(De l'esprit des lois)』(1748년)이었다. 이는 프랑스 봉건법의 역사를 다룬 마지막 부분을 제외하고는 그 자체 역사에 대한 저작이 아니고, 오히려 이것은 통치의 여러 형태의 연구이다. 그는 그것을 세 개의 기본형, 즉 공화제, 군주제, 전제專制의 셋으로 분류하였다. 이들은 고유의 가치관, 널리 퍼져 있는 습속, 지리적 조건, 풍토, 경제적 속성과의 관계에서 분석된다. 몽테스키외는 국민의 법과 국제國制의 '정

---

91) 그의 정식 이름은 Charles Louis de Secondat, Baron de La Brède et de Montesquieu이다.

신'을 이해하기 위하여는 이들 전부가 검토되어야 한다고 주장한다. 이와 암묵적으로 대비되고 있는 것은 자연법학자나 로마법학자의 법학적 관점이다. 몽테스키외는 상정될 수 있는 모든 범위에서 통치의 비교적 및 역사적 연구를 기꺼이 하려 하였고, 그리하여 위와 같은 관점은 등한시했다.

『법의 정신』의 핵심은 영국의 공화제·군주제 혼합정체와 프랑스의 절대군주제의 비교이다. 이 비교에서는 후자가 불리한 것이 결코 아니었다. 그 저작에서 특징적인 것은 그 포괄성으로서, 오컴의 면도날[92]을 쓰는 것에 대하여 주저하는 것이다. 그의 호기심의 대상이 되지 않는 것은 거의 없다. 흄이나 기번을 포함하는 그의 독자 중 많은 이는 그 간결하고 잠언적인 문체에 혐오를 느낄지도 모르나, 몽테스키외는 정치를 어떻게 이해하여야 하는가, 그리고 역사는 어떻게 쓰여야 하는가에 관한 이해를 변하게 하였다. 마키아벨리 이래 다른 누구도 그러한 일을 달성하지는 못하였던 것이다.

이 '비교'의 관점에 대하여 18세기의 역사가들은 다시 일정한 사항을 부가하였다. 그때 처음으로 역사가 동적인 과정, 즉 '진보(progress)'로 파악된 것이다. 뒤에서 보는 대로 계몽의 역사가는 진

---

92) 스콜라철학자이면서 신학자인 오컴(William of Ockham, 1287년~1347년)의 라틴어 이름을 포함하고 있는 「오컴의 면도날(Occam's Razor)」은 흔히 '경제성의 원리(Principle of Economy)라고도 부른다. 오컴의 면도날을 간단하게 말하면, "같은 현상을 설명하는 두 개의 주장이 있다면, 간단한 쪽을 선택하라"는 것이다. 여기서 면도날은 필요하지 않은 가설을 잘라내 버린다는 비유이다. 필연성 없는 개념을 배제하려 한 「사고 절약의 원리(Principle of Parsimony)」라고도 불린다.

보를 분명히 긍정적인 것으로는 간주하지 않았고, 오히려 그 반대일 정도이다. 그러나 그들이 생각한 것은, 사회는 발전한다는 것, 따라서 '사회의 진보'의 관점에서 고찰하는 것이 가능하다는 것이다.

그러한 고찰을 하기 위하여 그들은 기원起源으로 돌아가서, 사회가 존재한 최초의 시기의 양상으로 여겨지는 것들을 파악하였다. 제2장에서 검토한 바와 같이, 그 하나는 신성한 역사인데, 이는 최초의 인간과 가족에 관한 정보의 귀중한 원천이었다. 다른 하나는 남과 북의 아메리카이다. 그곳에서의 여러 민족은 스페인 사람들에 의하여 발견되고 정복되었는데, 북아메리카의 아직 독립하고 있는 원주민들에 대하여는 영국이나 프랑스, 그리고 네덜란드의 새로운 이주자들이 그 토지를 불평등하게 분할하려고 시도하였다. "처음에 전 세계는 아메리카와 같았다"라는 로크의 관찰은 여행자나 선교자가 쓴 여러 책의 보고서를 토대로 한 것이었는데, 그 중에는 스페인의 제수이트 교도인 호세 드 아코스타[93]의 유명한 『동인도와 서인도의 자연 및 문화의 역사(Historia natural y moral de las Indias)』 (1590년)가 있다. 아코스타는 아메리카의 다양한 여러 민족을 일괄하여 '야만'이라고 이름붙이는 것으로는 부분적인 이해에 불과하다고 생각하였다. 물론 그 중의 일부는 실제로 방랑하면서 느슨한 집합체를 이루고 있을 뿐이었고, 또 항상 전쟁을 하는 야만적인 수준

---

93) José de Acosta, 1539년~1600년. 스페인의 남아메리카 선교사. 1570년에 안데스산맥을 넘어갔는데, 그때의 여러 증상을 기록에 남겨서 오늘날도 고산증은 「아코스타 병(Acosta's disease)」으로 불린다.

이었다. 그러나 다른 여러 민족은 토지를 경작하고 소유권을 인정하는 공동체를 형성하고 있었다. 18세기의 역사자들은 로크에 좇아 이들 공동체가 진보의 전제조건을 충족하고 있다고 추측하였다.

가장 초기의 인간을 연구함에 있어서 보다 가깝게 이용할 수 있었던 제2의 원천은, 인간에 보다 가깝다고 여겨지고 있던 동물인 원숭이와 오랑우탄의 비교해부학이었다. 1699년에 행하여진 연구는 그 후 영향력을 발휘하게 되었는데, 영국의 박물학자 에드워드 타이슨[94]은 오랑우탄(실제로는 어린 침팬지이었다)을 뒷다리로 걸을 수 있고 또 언어를 발할 수 있는 기관을 가진다고 보았다. 그 후에 스웨덴의 박물학자 린네[95]와 프랑스의 박물사가 뷔퐁[96]은 일련의 새로운 인간 유형들을 고안함으로써 결과적으로 인간과 동물의 구별을 애매하게 하고, 실천적 기능과 언어의 획득에 관한 새로운 지견知見을 제공하였다.

그런데 이와 같은 사고는 인간과 동물의 간격이 좁혀짐에 따라서 인간의 여러 유형 사이의 차이는 넓혀진다는 결과로 이어질 수 있었다. 그 차이란 스펙트럼의 한 쪽 끝에는 유럽의 백인이, 반대편 끝에는 오랑우탄과 가장 가까운 인간으로 아프리카의 흑인이 놓이는 것이었다. 이 가설은 17세기 중엽에 처음으로 주장된 이단사상

---

94) Edward Tyson, 1651년~1708년. 영국의 과학자, 의사. 비교해부학의 창시자로 알려져 있다.
95) Carl Linnaeus, 1707년~1778년. 오늘날도 쓰이는 생물의 분류체계(계·문·강·목·과·속·종의 「린네 분류법)의 창시자.
96) 앞의 주 6 및 그 본문 참조.

에 의하여 보강되었다. 이는 아담을 두고 최초의 인류가 아니라고 주장하였다. 왜냐하면 그의 아들 카인이 처를 얻었다고 하는데 그렇다면 아담 이전의 세계에 그 이외의 인간이 존재하고 있었다는 것이 되기 때문이다. 바꾸어 말하면, 세계 여러 민족의 기원은 다원적이며, 단일한 기원을 가지지 않는다. 이러한 주장은 볼테르나 흄과 같은 종교에 대한 회의주의자에게는 매력적이었다. 박물학자가 인간의 여러 유형을 구별하는 것과 결합하여, 이는 명백한 인종적 위계질서의 주장을 용납한다. 이러한 사고방식은 흄의 "흑인이나, 일반적으로 백인 이외의 모든 인종(넷 또는 다섯의 다른 종류가 있다)은 백인에게 자연적으로 열등하지 않은가 하고 의심된다"는 각주에서의 발언 — 이제는 악명이 높다 — 의 배후를 이루는 것이다. 거기서부터 흑인 노예의 제도를 옹호하기에 이르는 것은 바로 코 앞의 일이다. 그런데 흄 자신은 실제로 그러한 길을 가지 않았고 고대 세계의 노예제를 비난하였다는 것은 여기서 강조되어야 할 것이다.

그러나 계몽의 역사가들에 있어서 결정적으로 중요한 문제는, 인간에는 자연적인 인종의 차이가 있는가 여부가 아니라, 일부의 인간 사회가, 특히 유럽 사회가 발전할 수 있었던 것에 비하여 아메리카나 아프리카의 원주민 사회와 같은 다른 사회가 매우 뒤떨어진 이유는 무엇인가 하는 것이었다. 그에 대한 설명은 사회 발전의 명확한 단계이론에서 찾을 수 있다. 이들 단계는 여러 가지로 특징이 부여되었다. 일부의 역사가는 '미개(savage)'와 '야만(barbarian)'과 '문

명(civilized)'(이 최후의 단계는 civis, 즉 도시라는 말에서 유래한다)이라는
고전적인 카테고리를 계속 사용하였다. 『시민사회사론(*An Essay on
the History of Civil Society*)』(1766년)의 저자인 스코틀랜드 사람 애덤
퍼거슨[97]은 미개사회와 야만사회를 구별하고, 후자에서는 소유권
이 인정된다고 하였다. 다만 '세련된 상업국가들'에서만 사회적·정
치적 '종속관계(subordination)'의 위계질서 중에서 개인의 인격권이
충분히 확보된다고 한다. 보다 독창적인 것은 지배적인 생활양식에
의하여 단계를 나누는 방법이고, 그것이 완전하게 발전한 형태는 수
렵사회, 목축사회, 농업사회, 상업사회로 나누어진다고 하는 '4단계
이론'이다.

　단계적인 생활양식이라는 생각은 그 후의 마르크스주의자에 의
한 생산양식의 개념과 동일한 것이 아니다. 그렇기는 하여도 계몽의
역사가는 서로 다른 생활양식이 서로 다른 소유관계나 다양한 습속,
여성 고유의 여러 가지 역할 또는 다양한 권위체계와 어떻게 조화되
는가에 흥미를 가지고 있었다. 남북 아메리카의 정복과 식민지화를
연구한 윌리엄 로버트슨[98]의 『아메리카의 역사(*History of America*)』
(1777년)는 이 이론을 솜씨 있게 사용하였다. 그러나 이 이론의 고전
적인 서술은 애덤 스미스의 『국부론』에서 찾을 수 있다. 여기에서
이 이론은 농업으로부터 상업으로부터 '부유의 자연적 진보'의 모델

---

97) Adam Ferguson, 1723년~1816년.
98) William Robertson, 1721년~93년. 스코틀랜드의 역사가. 에딘버러 대학교의
　　총장을 지냈다.

과 결합되어 있다. 단계 이론을 사용함으로써 역사가는 '사회의 진보'에 대하여 보다 명료하게 생각할 수 있게 되었다. 그러나 그것은 하나의 단계에서 다음 단계로 자동적으로 나아가는 것을 의미하지는 않았고(특히 가장 초기의 여러 단계에서), 또한 내재적으로 목적화된 발전이라는 목적론을 함의하는 것도 아니었다. 칸트가 스스로 깨달은 바와 같이, 그렇게 하기 위하여는 계몽의 역사가는 일반적으로 거의 관심을 가지지 않았던 별도의 철학적 정당화가 필요하였다.

사회의 물질적 상황이 단계적 역사에 기초를 제공하는 한편으로, 계몽의 역사가가 적어도 그것과 같은 만큼의 흥미를 가지고 있었던 것은 그들이 연구한 여러 사회 사이의 서로 다른 '습속(manners 또는 moeurs)'이었다. 몽테스키외는 습속을 여러 국민의 법의 정신의 중심에 있다고 하였고, 볼테르는 자신의 보편사를 『습속론(*Essai sur les moeurs*)』(1755년)이라고 이름 붙였다. 흄이나 로버트슨 또는 기번은 책의 제목에는 올리지 않았지만 여러 국민 간에 풍요로움이 차이가 나는 이유의 설명에서 습속이 필요불가결함을 보이려고 하였다. 그러한 관심에 수반되어 나타나는 다음 두 개의 측면은 한층 더 면밀한 주의를 기울일 가치가 있다.

하나는 언어의 기원에의 관심이다. 어떤 면에서는 이는 지식의 철학의 전문적 문제이었다. 로크가 주장하고 『백과전서』의 편집자가 동의한 바와 같이, 모든 지식이 감각에서 유래한다고 하면, 감각이 인간 지성에 대하여 제시하는 바를 언어는 어떻게, 그리고 어느 정도로 표상하는 것인가? 이 문제는 콩디약이 『인간 인식 기원론 (Essai sur l'origine des connoissances humaines)』(1746년)에서 제기한 것으로서, 프로이센의 프리드리히 2세 아래서 재건된 베를린의 「과학 아카데미(Akademie der Wissenschaften)」99)에서 열심히 논의되었고, 그뿐만 아니라 유럽 전부에서 논쟁의 대상이 되었다.

그러나 베를린 및 그 외의 장소에서의 논쟁은 인간이 처음 의사소통하는 것이 필요하게 된 상황에 관한 일련의 문제들, 즉 애초의 의사소통은 원래 무엇으로 이루어졌는가, 그에 이어서 보다 세련된 언어가 발전한 것은 어떻게 해서인가의 문제들을 통하여 역사적으로 형성되었다. 그 유명한 예는 망드빌이 『벌꿀의 우화』의 제2권에서 한 설명이다. 그러나 그러한 역사는 그 자체로 난점이 있었다. 즉 만일 언어가 사회에서 불가결이라고 하면, 언어는 사회에 앞서 존재하여야 하지 않는가. 이 물음은 일부의 사람이 언어는 인간에 대한 신의 선물이라는 주장을 이어갈 여지를 남기게 하였다.

그러나 역사가에 있어서 언어의 기원과 같은 정도로 흥미로웠던 것은, 국민의 습속이 진화하고 문명화하는 과정에서 언어가 지속적으로 수행하는 역할의 문제이었다. 그것은 문예뿐만 아니라 정

---

99) 1700년에 당시 브란덴부르크 공국의 프리드리히 3세에 의하여 베를린에 창립되었으나, 후에 프로이센의 「과학 아카데미」로 세계적인 명성을 얻었다. 그 회원으로는 그림 형제, 훔볼트 형제, 라이프니츠, 테오도르 몸젠, 아인슈타인, 막스 플랑크 등이 있다. 독일의 통일 후 1992년부터는 「베를린-브란덴부르크 과학 아카데미(Berlin-Brandenburgische Akademie der Wissenschaften)」로 재출발하였다.

치적 발언 또는 보다 개인적인 의사소통의 형태, 즉 편지나 회화라는 가장 넓은 의미에서의 '교류(commerce)'에서도 명확하게 보여지는 바이다. 문명 사회는 언어의 사용에 있어서의 정교함과 그 정교함이 낳는 좋은 습속에 의하여 그렇지 않은 사회와 구별되는 것이 아닐까?

이 정교함의 중요한 척도를 제공하여 주는 것은 여성의 경우인데, 이는 습속의 역사에서 주목할 만한 제2의 주제이었다. 이제 여성은 역사의 명백한 주제가 되었다. 프랑스어로는 앙토완 레오나르 토마[100]의 『여성의 성격·습속·정신에 관한 논고(*Essai sur le Essai sur le caractère, les mœurs et l'esprit des femmes*)』(1772년)가, 영어로는 윌리엄 알렉산더[101]의 『최초기 고대로부터 현재까지 여성의 역사(*The History of Women from the Earliest Antiquity to the present time*)』(1779년)가 있다. 존 밀라[102]의 『계층 구분의 역사(*Observations concerning the Distinction of Ranks in Society*)』(1771년)에서도 여성은 마찬가지로 중요한 위치를 차지하였다. 여성이 저술한 역사에는 보다 근본주의적인 캐서린 매콜리의 『잉글랜드의 역사(*History of England*)』(1763년~1783년)[103]와 루이즈 드 켈라이오[104]의 여러 권

---

100) Antoine Léonard Thomas, 1732년~1785년. 프랑스의 시인, 평론가.
101) William Alexander, ?~1783년.
102) John Millar, 1735년~1801년. 스코틀랜드의 철학자, 역사가로 글래스고우 대학교의 법학교수.
103) Catharine Macaulay, 1731년~1791년. 나중에는 캐서린 그레이엄(Catharine Graham)으로 불렀다. 본문에 든 책의 원래 제목은 *The History of England*

으로 된 『잉글랜드 여왕 엘리자베스의 역사(*Histoire d'Elizabeth, reine d'Angleterre)*』(1786년~89년)가 있다.

그러나 그럼에도 불구하고 역사에서 여성이 어느 정도의 역할을 하였는가는 반드시 명료하지 아니한 채로 남겨졌다. 발전 단계의 모델을 사용한 역사가의 거의 모두는 여성의 처지가 사회의 진보와 더불어 개선되었다고 확신하였다. 여성은 초기의 미개사회에서는 거칠고 조잡하게 다루어지고 있었는데, 세련된 문명사회에서는 훨씬 더 큰 존경을 받으면서 그에 상응하는 보다 양호한 행동양식이 요구되었다. 여성을 위한 기사도라는 생각과 그 실천이 함의하였던 것은 특히 주목을 받았고, 그 효용에 관하여 역사가의 입장이 나누어질 정도이었다. 그러나 역사의 과정을 변화시키는 힘으로서의 역할을 하는 것은 아직 충분하지 않았다. 스코틀랜드의 메리 여왕과 같은 사악한 여왕도, 잉글랜드의 엘리자베스 여왕과 같은 현명한 여왕도 있었고, 또 황제나 왕의 애인으로서 교활한 여성도 있었다. 그러나 이러한 지위에 미치지 못하는 여성에 관하여는 그들이 개개의 역사 주체로서 인식되는 일은 거의 없었다.

여성에 주어지는 지위는 실제로 계몽의 역사가들이 직면한 보다 일반적인 문제의 징후이기도 하였다. 그 문제란 지리나 경제 상황이

---

from the Accession of James I to that of the Brunswick Line으로, 도합 8권 (1783년 출간).

104) Louise-Félicité de Kéralio, 1758년~1821년. 프랑스의 저술가, 번역가. 그녀는 프랑스혁명의 중요 인물의 한 사람인 조르쥬 당통의 비서인 피에르-프랑소아-조제프 로베르(Pierre-François-Joseph Robert)와 결혼하였다.

나 습속을 규모가 큰 거대 서술에로 통합하는가 하는 것이었다. 계몽의 '철학적 역사가'는 사회의 역사와 습속의 역사를, 통치에 대해서나 지배자들의 관계에 대해서 다루는 보다 전통적인 역사와 동시에 그리고 같은 저작 안에 써 남길 것인가에 관하여 상당히 고심하였다. 그들은 종교사를 자신의 역사 서술에 통합하는 것에는 거의 성공하였다. 이와 대조적으로 경제사 또는 사회의 습속, 문예의 역사는 예를 들면 흄의 『잉글랜드의 역사』에서 이들을 보유補遺 편에 넘긴 것과 같이 곁가지로 두는 경향이 있었다. 그러나 철학적 역사가만이 그러한 잘못을 저지른 것은 아니다. 서술을 구조적 설명과 결합한다는 문제는 19세기 또는 20세기에도 원만하게 해결되지 않았으며, 근현대의 역사학자를 계속적으로 성가시게 하였다. 계몽의 역사가의 업적을 든다면, 그것은 그들이야말로 이 문제를 개념화하고, 그것을 자신의 저작에서 최초로 본격적으로 다루었다는 것이었다. 그것이 실패로 끝났다고 하더라도, 그들은 그때까지 쓰여진 것 중에 가장 우수한 역사의 얼마인가를 남겼다. 예를 들면 기번의 『로마제국 쇠망사』가 그러하다. 그것은 폭이 넓음, 야심적 해석, 위대한 문체라는 점에서 모든 시대를 통하여 비교할 데가 없었다. 그렇게 함으로써 그들은 '사회의 진보'에 대한 확신이라는 역사적 관점을 계몽사상의 핵심에 자리잡도록 하였다.

루소

계몽의 안쪽에 자리잡고 있는 한 사람의 사상가가 역사란 사회의 진보라는 견해에 동조하지 아니하고, 근대라는 상업 시대에 도덕이 가지는 서로 다른 두 개의 측면에 대한 예리한 감각을 갈고 닦았다. 그것이 장-자크 루소(1712년~78년)이다. (그림 9) 그의 이름이 처음으로 알려진 것은 기예와 학문, 그리고 사치에 대한 비판자로서이나, 그의 저술은 넓은 범위에 미친다. 즉 음악(오페라 『마을의 점쟁이(Le Devine du Village)』의 작곡을 포함한다), 도덕 · 정치 철학(『사회계약론(Du contrat social)』, 1762년), 교육(『에밀(Émile ou De l'éducation)』, 역시 1762년), 서간문학(『신 에로이즈(Julie, ou la Nouvelle Héloïse)』, 1761년), 그리고 자전적인 『고백(Les Confessions)』(1782년 사후 출판) 등이다.

그러나 때로 '제2논문'으로 알려져 있는 『인간 불평등 기원론(Discours sur l'origine et les fondements de l'inégalité parmi les hommes)』(1755년)에서 사회성(sociability)과 그 기원, 그리고 귀결에 관한 도덕적 · 역사적 문제를 다룬 것이야말로 루소가 같은 시대의 철학자에게 최대의 충격을 가져다 둔 점이다. 이 저작은 디종의 아카데미가 내걸었던 문제, 즉 "인간의 불평등의 기원은 무엇인가? 그리고 그것은 자연법에 의하여 정당화되는가?"라는 문제에의 응답으로서 1754년에 쓰여졌다.

(그림 9) 장-자크 루소. 모리스 캉텡 드 라 투르에 의한 초상화 (1753년). 40세 때의 초상으로서, 그는 현상논문 당선작『학문예술론』(1751년) 및 쾌활한 오페라『마을의 점쟁이』(1752년)로 알려져 있었다. 그의 가장 위대한 저작들은 아직 출판되지 않았다.

루소는 이 중 두 번째의 물음에 대한 부분은 정면으로 다루지 않고 피해감으로써, 자연법은 이 문제에의 대답으로서 담당할 역할이 없다고 독자에게 말하였다. 그 대신에 그는 그 문제를 인간의 자연적 처지, 그리고 거기서부터 사회로의 이행에 관한 것으로서 구성하였다. 루소는 그 목적을 위하여, 성서의 「창세기」에서 말하여진, 알려진 한에서 가장 초기의 역사로부터 고의적으로 벗어나서, 인간의 본원적이고 자연적인 처지임에 틀림없는 사정을 추측하여 냈다. 그가 강조한 점은, 그러한 것은 세계의 형성에 관하여 확정적 판단을 내리기 위하여 자연철학자에 의하여 만들어진 추측의 일종이라는 것이었다. 그것은 '추측적 역사(conjectual history)'(이 용어는 머지않아 쓰이게 되었다)가 아니다. 왜냐하면 기존의 증거들에 보여지는 공백을 메우려고 하는 것이 아니기 때문이다.

루소가 상정한 것은, 가장 초기의 인간은 고독하여서, 혼자서 여기저기 돌아다니고 먹을 것을 찾고 또 서로 만나면 짝이 되었다는 것이다. 그것 자체는 타이슨이 묘사한 오랑우탄과 매우 가까웠다. 이들 가장 초기의 남녀는 자기 보존을 구한다는 점에서 애초 이기적이지만, 타인을 괴롭히는 것에는 혐오감을 가지고 있었다. 즉 '가엽게 여김, 즉 동정(pity)'은 동물에서 그렇다고 생각되는 것과 마찬가지로 인간의 자연적 감정이다. 그것은 자연적 비사회성의 상태이지만, 개인이 자기 중심적 정념에 지배되고 있는 상태는 아니다. 동물에게는 없는데 인간이 가지는 것은 자유의지로서, 이것은 원시 상태를 변화시키고 개선하게 —또는 부패하게— 하는 능력으로서의 '완성가능성(perfectability)'이라는 중요한 성질이다.

인구 증가로 말미암아 그리고 바다나 산맥과 같은 지리적 제약으로 말미암아 함께 있어야만 하는 때에만, 그들의 정념은 경쟁적이 되어서, 완성가능성의 내부 모순적인 성질이 명백하게 된다. 그들은 가족을 이루어 한곳에 머물고, 언어를 획득한다. 루소는 "최초에 생긴 것은 언어인가, 사회인가"라는 물음을 소리높여 외쳤는데, 이 물음은 언어가 생득적生得的이었으면 하고 바라는 사람들, 즉 그것이 신에게 받은 선물이었으면 하는 사람들에게 새로운 희망을 주었다.

그러나 루소 자신이 강조하였으리라고 생각되는 것은, 인간이 같이 살도록 하고 또 언어의 사용을 촉진하기 위하여 자연은 사소한 것밖에 하지 않았다고 하는 점이다. 본능만으로도 사람에게 자연상태에서 사는 것에 필요한 모든 것이 주어졌다. 그것은 인간이 일단 사회를 이루어 살게 되면 언어는 너무나 큰 효능을 획득한다는 면에서 그러하다. 언어는 소유권의 확립이라는 그 이행의 결정적 계기와 관련하여 중요한 역할을 담당하였다. 사람이 하나의 일만을 하면서 특화하기 시작하여, 어떤 사람은 토지를 경작하고 다른 사람은 경작자에게 필요한 도구를 만들게 되는 때에 그렇게 되었다. 그 시점에서 경작하는 토지의 배타적 소유권을 주장하는 것이 경작자의 이익이 되었다. 그러나 그 주장만으로 토지가 그의 소유물이 되는 것은 아니다. 그 주장이 타인에 의하여 용인되는 것이야말로 결정적이었다. 그리고 그러한 용인은 언어가 가진 설득력의 귀결이다. 소유권 제도를 받아들이는 것으로써 인간은 불평등, 그리고 위계적位階的이고 분단적分段的으로 조직된 사회에 동의하였다.

소유권 제도를 통한 불평등의 확립은 두 개의 파멸적 귀결을 가져왔다. 하나는, 자존심(amour propre)을 단순한 자기애(amour de soi)로부터 갈라놓음으로써 인간의 정념으로서의 자기애 내부에서 분열을 악화하는 것이다. 파스칼과 망드빌이 이미 시사한 대로, 이러한 부류의 자존심은 기만에 의해서만 유지될 수 있다. 그러나 그들은 거기에 사회적 효용이 있다고 생각하였던 것에 비하여, 루소는 타락만을 보았다. "실제와 외관은 전혀 다른 것이 되고, 이 구별로부터 사람을 위압하는 호사스러움과 사람을 속이는 책략, 그리고 이들에 수반하는 모든 악덕이 생겨났다."[105]

제2의 귀결은 시골에 대한 도시의 우위이다. 농민은 토지 소유를 둘러싼 경쟁에서는 이겼을지도 모르지만, 분업이 도시 주민이 꼭 필요하지는 않은 사치품의 제조에 특화할 수 있도록 함에 따라 점차로 그는 도시에서 생기는 재화의 잉여를 소비하도록 유혹받게 되었다. 그리하여 많은 농민은 빚을 안게 되고 토지를 포기하고 도시로 이주하였다. 도시에서는 인간의 엄청난 집중에 의하여 전에 없이 전제적專制的인 통치 형태로의 통합이 촉진되었다.

이렇게 해서 루소의 논의는 근대 유럽사의 중요한 과정을 개요적으로 서술함에 관한 명백히 역사적인 주장이 되었다. 그러나 루소

---

105) Jean-Jacques Rousseau, *The Discourses and other early political writings*, ed. by Victor Gourevitch(Cambridge: Cambridge UP), 1997, p. 170.

는 '사회의 진보(progress of society)'의 옹호자들이 상정하고 있던 것과는 매우 다른 **결말**로 끝나는 역사이었다. 루소는 근대 문명을 썩었다고 분명히 주장하였던 것이다. 종국에 미개인과 문명인을 극적으로 비교함으로써 루소는 이 점을 명백히 하였다. 미개인은 "오로지 안식과 자유만을 호흡하고", "자신 안에" 살고 있다. 이에 대하여 도시민은 "항상 활동적이고 땀을 흘리며 여기저기 돌아다니고 점점 더 힘에 겨운 일을 구하여 끊임없이 괴로워하고 … 미워하는 신분이 높은 인간이나 마음 속에서는 경멸하는 부자들에게 알랑거린다." 그는 "타인의 의견에 얹혀서 살 수밖에 없다."[106] 이는 고전古典에 뒷받침되어 고무되었던 도덕주의의 전통적 탄식보다도 훨씬 철저한 비판이었다. 루소가 이해하는 부패는 극히 위험한 것이었다. 왜냐하면 그 부패는 역사의 한 과정으로서, 종전에 상상할 수 없었던 정도의 물질적 보수와 사회적 지위를 제공하는 '사회의 진보'의 종합적 귀결이었기 때문이다. 부패는 처지 개선의 다른 하나의 모습이었다.

이러한 비판의 힘은 커서, 계몽주의 철학자로서 이를 마음에 새기지 않거나 이에 응답하지 아니하였던 사람은 극히 소수에 그칠 정도이었다. 흄은 그 소수에 속하는 사람인데, 그는 1763년부터 1766년까지 번영하고 있던 파리를 방문한 후 루소와 친해지려는 생각으로 잉글랜드로 그를 데려 온 때에 이 생각의 차이를 메워보려고 하

---

106) *Ibid.*, p. 187.

였다. 그러나 결국 그들의 관계가 급속하게 단절된 것은 국제적인 주목을 끌었다. 이에 반하여 애덤 스미스가 자신의 도덕 이론 및 —나중에 고찰하는 — 경제사상을 형성하여 간 것은 루소에 대한 응답으로서였다. 루소의 충격은 유럽 여기저기서 느껴졌다. 예를 들면 나폴리에서 안토니오 제노베지[107]는 루소의 공격으로부터 경제학을 옹호하기 위하여 자신의 도덕철학을 재구축하기에 이르렀다. 덧붙여 말하자면, 이와 같이 적어도 하나의 영역에서 루소에 의한 비판은 그 자신이 예견하고 있지 않았을지도 모르는 방식으로 다루어지고 전개되었던 것이다.

이러한 계몽사상의 중요한 한 측면은 아직도 평가가 충분히 이루어지지 못하고 있다. 이는 반제국주의적이었다는 것과 관련이 있다. 계몽사상은 유럽인이 탐험가 또는 선교사에 의하여 '발견'된 분명히 후진적인 여러 민족과의 관계를 비판적으로 다루고 있었던 것이다. 이러한 태도를 고무한 것은 인간 문화의 다양성에의 호기심으로서, 이는 루소를 단순하게 이해하는 데서 연유하는 '자연적 인간(natural man)'이나 '고귀한 미개인(noble savage)'의 이상理想을 뛰어넘는 것이었다.

철학자에게 흥미를 가지게 한 것은 습속에 의하여 자신과 남을 차별화하는 여러 민족의 능력이 있는데, 이것은 얼핏 보면 무한한

---

107) Antonio Genovesi, 1713년~69년. 이탈리아의 철학자, 경제학자. 뒤의 주 131 및 그 본문도 참조.

것으로 여겨졌다. 유명한 예는, 영국의 쿡 선장[108] 또는 프랑스의 부갱빌 선장[109]이 맞닥뜨린 남태평양 섬사람들의 성적性的인 여유로움이다. 부갱빌 선장은 파리에서 구경거리로 삼으려고 타히티 사람한 명과 함께 돌아왔다. 디드로의 통렬한 『부갱빌 항해기 보유補遺(Supplément au voyage de Bougainville)』(1773년~74년)의 주제는 이 프랑스 선장의 여행이다. 거기에서는 부갱빌의 착취 의도가 폭로되고, 기독교 도덕의 위선과 대비하여 섬사람들의 성적인 자유가 칭송되고 있다.

나아가 디드로는 그의 『두 인도의 역사(Histoire des deux Indes)』(1770년~80년)에서 그 비판을 최대한으로 전개하고 있다. 이 책의 저자는 레이날 신부[110]라고 지칭되어 있는데, 레이날 신부의 실제 역할은 편집자에 상당하는 것이었다. 1780년 판까지 이 책의 대부분이 디드로 본인에 의하여 집필되었다는 것은 그 후의 연구에서 이미확인되고 있다. 나아가 이 저작에 가장 예민한 색조를 부여한 것도디드로이었다. 『두 인도의 역사』는 상업 그 자체에 대하여 적대적이지 않으며, 노예제도까지도 카리브해의 식민지에서는 상업상 필요하였다고 인정하고 있다. 그런데 이 책이 여러 번에 걸쳐 반복해

---

108) James Cook, 1728년~79년. 그는 영국 해군의 함장으로서, 1768년부터 79년사이에 행한 3번의 항해, 즉 태평양, 특히 호주에의 항해로 유명하다. 그는 호주동부해안 그리고 하와이에서 처음으로 원주민과 접촉한 사실을 기록으로 남겼다.
109) Louis-Antoine de Bougainville, 1729년~1811년. 프랑스 해군의 함장으로서1766년부터 69년 사이에 처음으로 세계 일주 항해를 한 것으로 알려져 있다.
110) L'abbé Guillaume-Thomas Raynal, 1713년~96년.

서 공격하는 것은 그 식민지에서의 유럽인들의 행태로서, 그들의 현지인, 특히 노예에 대한 취급이다. 또 하나의 공격 대상은 유럽 해적의 형편없는 잔인함과 경제적인 혼란이다.

레이날과 디드로에 의한 이 저작이 엄청난 충격을 몰고 왔다고 하지만, 거기서의 견해가 독창적인 것은 아니었다. 애덤 스미스는 독점 무역회사의 열렬한 비판자이었다. 그 회사는 유럽인이 식민지와 유럽 사이의 무역뿐만 아니라 식민지 세계 자체의 무역도 지배하는 데 이용되었다. 칸트는 해상 무역을 이것이 원주민 또는 유럽인 경쟁 상대에 대한 공격을 가져 오기 때문에 전쟁의 주요 원인의 하나라고 보고 있다. 특히 가장 환멸을 느낀 것은 아마도 헤르더일 것이다. 그가 여행기 등을 통하여 굳힌 신념은, 여러 나라의 국민과 각각의 고유 문화는 그 다양성이 있다는 바로 그 이유로 인하여 인간의 사회성의 열쇠가 되는 것인데, 유럽인의 탐욕과 오만에 직면하여서는 이들 문화가 단지 악용되고 또 짓밟혀 부서지는 것을 볼 수 있을 뿐이라는 것이었다.

제국帝國의 해악은 루소의 근대문명 비판에서는 상대적으로 주변적인 위치밖에 차지하지 못하고 있었는데, 18세기 후반에 이르러 이 해악이 널리 인정되었음은 유럽의 진보의 도덕적 귀결을 의문시하는 루소의 충격을 증명하는 것이었다. 루소는 계몽의 지적知的 낙관주의에 넌더리를 내고 있었으며, 그의 비판을 씻어낼 수 있는 날은 오지 않을 것이다. 그러나 루소가 충격을 준 이유는 바로 그가 자신의 철학자 동료들의 중심적 관심과 실로 철저하게 격투하였기 때문에 다름 아니다. 루소는 결코 계몽에 대하여 예외적이지도, 외재적이지도 또는 '반反하고 있지'도 않았다.

경제학

루소의 중요성은 그의 도전에 대하여 응답이 행하여졌다는 사실 자체에 의하여 뒷받침된다. 누구보다도 명료한 회답을 준 것은 애덤 스미스이었다. 이미 살펴본 대로, 스미스는 처지 개선에로 사람들을 향하여 나가게 하는 것은 타인의 시선을 받는 지위를 획득하려고 하는 야심이라는 사실을 틀림없이 인정하고 있었다. 스미스는 자신의 삶을 마감하기에 근접하여, 『도덕감정론』의 제6판에서 「부유한 사람들, 지위가 있는 사람들에 감탄하고, 빈곤하고 형편이 나쁜 사람들을 경멸 또는 무시한다는 그 성향에 의하여 일어나는, 우리의 도덕감정의 부패에 관하여」라는 제목의 장을 추가하였다. 그리고 이로써 위와 같은 인정을 적극적으로 보강하였다. 상업 사회에 있어서의 공평한 관찰자는 그 사회의 여러 가치에 대하여 서로 반대되는 감정을 가지지 않을 수 없었다. 그러나 스미스는, 상업 사회가 그 사회에 사는 모든 지위의 사람들에게 물질적 번영이라는 귀결을 가져오는 처지 개선에의 구동력이라고 하는, 서로 맞서서 각각을 깎아내리는 듯한 주장을 철회하려고는 하지 않았다. 흡사 '보이지 않는 손'이 작동하는 것과 같이, 의도하지 않은 결과에 의하여 상업 사회는 그것을 행한다. 부유한 사람들은 '그들 자신의 채워질 줄 모르는 공허한 여러 욕구의 충족'을 위하여 여러 사람을 고용하는 것에 불과하지만, "그들은 자신이 가져온 모든 개량의 성과를 가난한 사람들과 나눈다."[111] 어떻게 해서 그렇게 되는가를 설명하기 위하여 스미스는『국부론』을 집필하기에 이르렀다. 경제사상사에 있어서 획기적인 저작인『국부론』은 계몽의 언명의 하나로서 출현한 경제학을 정착시킨 결정적 작품이기도 하였다.

경제학의 뿌리는 17세기에 있었다. 그때 경제학(political economy)이라는 말이 만들어지고(최초의 사용례는 프랑스어로 되어 있다), 경제활동이 국가의 지위와 권력의 기초로서 광범위한 논평의 주제가 되었다. 17세기 초엽에, 스페인 군주정이 직면한 문제가 아메리카의 은銀에 그 나라의 정치가 의존하고 있는 것과 관계가 있는지 여부에 관하여 기업가들(arbitristas)이 논의를 하였다. 그 세기 중반에는 30년전쟁으로 파괴된 독일의 여러 영방의 지배자들이 인구 그리고 기초적 경제 자원을 어떻게 해서 부흥시킬 것인가를 배우기 위하여 '관방학官房學(cameralism)'이라는 새로운 분야에 귀를 기울이기 시작하였다. 그러나 가장 활발한 논의는 잉글랜드와 프랑스에서 행하여 졌다. 그 참가자는 문제에 대하여 지금까지와는 현저하게 다른 해결

---

111) Smith(주 138), IV. 1. 10.

의 방책을 제시하였다. 잉글랜드에서의 논의에서 두드러지는 것은 토마스 먼,[112] 니콜라스 바본,[113] 윌리엄 페티,[114] 헨리 마틴,[115] 그리고 존 케어리[116]이었다. 케어리의 저서 『잉글랜드의 상태에 관한 논고(*Essay on the State of England*)』(1695년)는 잉글랜드 산업을 저임금으로 위협하는 아일랜드에 관심을 기울인 대표적 문헌이다. 만일 잉글랜드가 제조업에서 경쟁력을 잃게 되면, 네덜란드나 프랑스의 상업 패권에 복속하게 된다는 것이다. 프랑스 사람들은 그들 자신의 입장과 견해에 서서 마찬가지의 불안감을 동반한 의논을 행하였다. 루이 14세 치하의 대신大臣 콜베르는, 프랑스의 농업 자원을 보충하기 위하여 제조업과 상업 항해를 강력하게 보호하고 촉진하려고 하였다. 다른 사람들은 루이 14세의 군사 침략에 반대하면서, 농업이 일차적으로 강조되어야 하고 특히 사치품의 제조업은 제한되어야 한다고 주장하였다. 보와귈베르[117]는 파리의 불균형적 성장을 눈앞에 보면서 농업을 우선하여야 한다고 주장하였다. 다른 한편으로

---

112) Thomas Mun, 1571년~1641년. 종종 초기 중상주의자에 속하는 것으로 일컬어진다. 동인도회사(East India Company)의 이사로도 오래 근무하였다.

113) Nicolas Barbon, 1640년~98년. 중상주의의 역사가들은 그를 자유시장의 최초기 주창자들의 하나로 서술한다. 1666년의 런던 대화재 이후에는 화재보험, 나아가 부동산 개발을 위한 자금 조달을 위한 토지담보제도의 개혁에도 힘썼다.

114) William Petty, 1623년~1687년. 올리버 크롬웰 치하에서 그를 도와 일하였고, 아일랜드의 토지조사사업 등을 수행하였다.

115) Henry Martyn(Martin), 1665년~1721년. 『동인도 무역에 관한 고찰(*Considerations upon the East India Trade*)』(1701년)의 저자.

116) John Cary, 1649년~1722년?

117) Pierre Le Pesant de Boisguilbert, 1646년~1714년. 프랑스에서 몽크레티엥에 뒤이어 근대적 경제학의 기초를 닦았다.

페느롱 대사교[118]의 우화 『텔레마크(*Télémaque*)』(1699년)는 도시 사람들에게 사치를 그만 두게 하고 강제적으로 귀농시켜야 한다고 주장하였다.

계몽의 경제학은 18세기 전반에 프랑스에서 그 기초가 마련되었다. 그것을 촉발한 것은 스코틀랜드 출신의 재정가 존 라스[119]의 야심적인 프랑스공채 상환계획, 즉 1720년의 '미시시피 계획(Mississippi Scheme)'의 실패이다. 라스의 비서를 지낸 장-프랑소와 믈롱[120]은 그 실패의 원인을 분석하고 그 결과를 근대 경제에 대한 일반적 설명틀에 짜서 넣었다. 믈롱의 『상업에 대한 정치적 시론(*Essai politique sur le commerce*)』(1734년)은 몇 가지 차원에서 중요하다. 그 저작은 상상의 시나리오, 즉 사실상의 모델을 사용하여 자신의 주장을 뒷받침하였다. 그리고 '효용(utility)'의 지배라는 명료한 가정 아래서 '사치(luxury)'는 도덕주의의 용어로서 이를 사용하지 아니하여 논하는 것이 좋다고 논하기까지에 이르렀다(이는 페느롱에의 반론이다). 논의의 대상이 된 범위의 포괄성으로 말미암아 이 책은 매뉴얼로서도 유용하였다. 따라서 이 저작은 18세기의 남은 기간 동안 유럽 전역에서 읽히고, 다른 언어로 빈번하게 번역되었다. 나

---

118) François de Salignac de La Mothe-Fénelon, 1651년~1715년. 1695년부터 사망할 때까지 캉브레의 대사교로 있었다.
119) John Law(이 스코틀랜드 출신 경제전문가의 이름은 프랑스에서는 '라스'로 발음된다고 한다), 1671년~1729년. 그는 루이 15세의 섭정으로 있던 오를레앙 공 아래서 재정을 담당하면서 은행을 설립·운영하기도 하였다. 그리하여 화폐에 대하여 깊은 식견을 쌓았으나, 정책 수행에서는 실패도 있었다.
120) Jean-François Melon de Pradou, 1675년~1738년.

폴리에서는 1740년대 초기에 개혁자들의 마음을 사로잡았고, 그 매력이 지속적이라는 것은 그 책이 1778년과 1795년에도 번역되었다는 사실에 의하여 뒷받침된다.

블롱의 저작이 준 충격은, 뱅상 드 구르네[121]가 이끄는 경제저술가 집단의 여러 저작이 출판됨에 따라 1750년대에 들어와서 더욱 강하게 되었다. 뷰텔-듀몽,[122] 포르보네,[123] 튀르고[124]가 그 집단 중에서 두드러진다. 구르네는 특히 번역을 장려하여, 1755년의 한 해 동안에만 캉티롱[125]의 『상업 일반 시론(Essai sur la nature du commerce en général)』과 케어리[126]의 『잉글랜드의 통상通商 현황에 관한 논고(Essai sur l'état du commerce d'Angleterre)』가 뷰텔-듀몽에 의하여 번역·재집필되었을 뿐만 아니라, 흄의 『정치논집(Discours politiques)』까지도 르 블랑 신부[127]에 의하여 번역되었다. 구르네의 지도력은, 왕실 재정의 기초로서의 경제는 '국가의 이성(reason of state)'이어야 하며, 따라서 경제는 공공의 논의가 손을 대서는 안 된다는 프랑스 군주정의 방어적 전제를 깨부술 정도의 활력을 가졌을 뿐만 아니라, 유럽의 프랑스어 권역 곳곳에 경제에 관한 다수의 저작을 퍼트리는 결과를 낳았다.

---

121) Vincent de Gournay, 1712년~59년.
122) Georges Marie Butel-Dumont, 1725년~88년.
123) François Véron Duverger de Forbonnais, 1722년~1800년.
124) Anne Robert Jacques Turgot, 1727년~81년.
125) Richard Cantillon, 1680년~1734년.
126) 앞의 주 116 및 그 본문 참조.
127) Jean-Bernard Le Blanc, 1707년~81년.

이러한 프랑스 경제학의 기본 방침은 농업이 건전한 국민경제의 기초라는 것이다. 그 전제는, 프랑스는 다른 지중해 여러 나라와 마찬가지로 그리고 네덜란드와는 다르게 비옥한 토지가 풍부하다는 점이었다. 그와 같은 비옥함이 안고 있는 위험 요소는, 농업자가 생산성을 향상시킬 동기를 빼앗아서 프랑스 전국을 자연적 원인에 유래하는 흉작에 대하여 취약하게 하는 데 있었다. 그러나 이러한 위기는 국내 제조업을 촉진함으로써 회피될 수 있다. 국내 제조업은 농업자에게 생산성 향상에의 동기를 부여하고, 그로써 구매력이 상승함과 동시에 결핍에 대비한 비축을 가능하게 한다. 제조업과 곡물 자유유통의 양쪽을 촉진하기 위하여 교통 인프라에의 투자와 통행세의 규제를 통하여 국내 상업을 더욱 촉진하여야 할 것이다.

이에 비하여 외국 무역은 제한되어야 한다. 구매력이 있는 사람들이 자신의 부를 외국의 사치품을 사는 것에 돌리지 않도록 하는 것이 중요하다. 외국의 사치품은 국민경제의 수지收支를 해치고, 도시, 특히 수도의 과도한 성장을 부추긴다. 물론 강조점에는 차이도 있다. 플롱은 사치라는 골치덩어리를 물리쳤는데, 몽테스키외를 포함하여 다른 사람들은 이 점을 공유하지 않았다. 그러나 의견의 일치도 있었다. 플롱도 구르네도 한 나라의 외국 무역이 규제되어야 한다는 점은 인정하고 있었다.

이어서 프랑소와 케네[128]가 이끄는 중농주의자들이 보다 분석적

---

128) François Quesnay, 1694년~1774년. 그의 『경제표(Tableau économique)』

인 언어를 사용하여 농업의 우선성을 옹호하는 의논을 쌓아올리고, 일정한 근본적인 정책적 귀결을 도출하였다. 토지만이 잉여를 만들어내므로, 토지가 과세의 유일한 원천이어야 한다. 그리고 곡물의 국내 수송에 대한 모든 국내적 장애는 제기되어야 한다. 중농주의자들은 계몽기에 있어서 주목할 만한 유일한 경제학자라고 빈번하게 간주되어 왔는데, 이것은 잘못이다. 중농주의자는 오히려 블롱을 통하여 보와귤베르[129]에 거슬러 올라가는 논의의 계통을 세련되게 하고 본격화한 것이다. 나아가 그들은 1760년대로부터 1770년대에 걸친 정부의 곡물거래 자유화 정책이 잇달아 실패하고, 또 나폴리의 경제학자 페르디난도 갈리아니[130]가 선도하고 디드로가 지지한 보다 실용적인 어프로치를 요구하는 사상적 반동에 부딪치자, 서서히 약하게 되었다.

다른 지중해 여러 나라에서의 경제사상의 발전에 미친 프랑스 경제학의 영향에 눈을 돌려 보면, 중농주의에 주의를 집중시켰다는 그 잘못이 두드러지게 된다. 이탈리아에서 블롱으로부터 받은 충격은 구르네 일파가 손을 댄 번역을 통하여 바로 보강되었다. 뷰텔-듀몽판版의 케어리의 『논고』는 안토니오 제노베지[131]에 의하여 이탈리아어로 『대 브리튼 상업 이야기(*Storia del commercio della Gran*

(1758년)는 중농주의의 기초를 제공하였다. 이 책은 또한 경제의 움직임을 분석적으로 서술하는 최초의 저술인 것으로 알려져 있다.

129) 앞의 주 117 참조.
130) Ferdinando Galiani, 1728년~1787년.
131) 앞의 주 107 참조.

Bretagne)』(1757년~58년)라고 중역되고, 제노베지의 「주기注記」가 붙여졌다. 그리고 나중에 제노베지는 스스로의 손에 의한 종합적 논의로서 『상업 및 사경제私經濟 강의(*Lezioni di commercio o sia di economia civile*)』(1765년~67년)를 출판하여, 프랑스 사람들의 의논을 흄의 화폐론과 조합하여서 남부 이탈리아의 상황에 적용하였다. 프랑스 경제학과의 편차가 보다 적은 것은 밀라노의 경제학자 체사레 베카리아[132]와 피에트로 베리[133]이다. 특히 후자는 이탈리아 사람 중에서 가장 사려가 깊다. 그러나 그 역시 프랑스 사람들의 논의와 격투를 하였다. 스페인에서도 플롱은 주의를 끌어서, 1734년에 그의 저작이 유럽에서는 처음으로 번역되고, 1786년에 다시 번역되었다. 제노베지도 역시 그렇게 되어, 그의 『강의』가 1780년대에 두 차례에 걸쳐 번역되었다.

중농주의자의 생각이 이러한 논의에 부가되면서, 그것은 그들 이전의 사상과 혼합된 형태로 나타났다. 그 과정에서의 주요한 저작은 스위스의 저술가 게오르크-루드비히 슈미트 다벤슈타인[134]의 『보편적 입법의 원리(*Principes de la legislation universelle*)』(1766년)로서, 이는 바로 이탈리아어로 번역되었다. 슈미트의 저작은 나폴리에서 특히 인기가 있어서 거기에서 1791년에 다른 번역도 행하여졌

---

132) 앞의 주 15도 참조.
133) Pietro Verri, 1728년~97년. 밀라노에서 활약한 철학자, 경제학자.
134) Georg-Ludwig Schmid d'Avenstein, 1720년~1805년. 프랑스어로는 Georges Louis Schmid d'Avenstein이라고도 한다.

다. 이탈리아와 스페인에서 경제학을 지역적 상황에 접합시키는 것
은 '개혁'과 '개선'의 열쇠라고 간주되고 있었다. 이러한 작업 없이
는 이들 두 나라가 북유럽의 여러 상업국을 따라잡을 전망은 생각할
수 없을 것이었다.

그 외의 지역에서는 프랑스 모델은 그만큼의 설득력이 없었다.
18세기 독일의 경제사상은 줄곧 관방학에 지배되어 있었다. 관방학
은 점차 대학의 교과과정에 편입되었다. 처음에는 프로테스탄트 지
역의 북독일에서, 나중에는 독일 남부와 오스트리아에서 그리하였
다. 최초의 교과서는 두 사람의 오스트리아 사람, 즉 요한 폰 유스
티[135]와 요제프 폰 존넨펠스[136]가 각각 1755년과 1765년에 집필하
였는데, 전자는 『국가경제학(Staatswirtschaft)』이라는 제목이었다.
시간이 흐르면서 독일인도 외국에 눈을 돌려서, 1770년대에는 중농
주의가 논의의 대상이 되었고, 1790년대에 이르러서는 애덤 스미스
에도 주의가 돌려졌다. 물론『국부론』의 부분 번역은 보다 앞선
1776년부터 79년 사이에 이미 존재하기는 했었다. 그러나 중요한
것은, 스미스보다 덜 자유주의적인 그의 스코틀랜드 동시대인 제임
스 스튜어트 경[137]의 『경제의 원리(Principles of Political Economy)』
가 『국가경제학 원리(Grundsätze der Staatswissenschaft)』(1769년~70

---

135) Johann von Justi, 1720년~71년.
136) Joseph von Sonnenfels, 1732년~1817년.
137) Sir James Steuart, 1712년~80년. 영국에서 아마도 최초로 체계적으로 경제학
    을 다룬 체계서를 저술하였고, 또한 그 제목에 'political economy'라는 용어를
    채택하였다.

년)로 번역되어 『국부론』이상으로 주목되었다는 사실이다. 여기서 초점은 변함없이 독일 여러 영방의 경제적 필요에 맞추어져 있고, 그 필요에 대응할 수 있도록 각 영방의 행정관료를 훈련하는 것이었다. 18세기 말이 되면, '국민 경제(national economy)'의 사고방식이 두드러지지 되었다. 이는 유럽에서의 경제적 패권을 다투는 야심만만한 프랑스와 영국 사이에서 독일의 자립을 명확하게 지키려고 하는 것으로 나타났다.

계몽의 경제학으로 향하는 가장 유명한 국가 레벨의 공헌은 데이비드 흄과 애덤 스미스라는 스코틀랜드 사람이 행하였다. 두 사람 모두 자신의 논의를 프랑스 사람들의 의논에 대한 응답으로 구축하였다. 흄의 『정치논집』(1752년)에서 경제를 다룬 논고의 맨 처음은 「상업에 대하여(Of Commerce)」라는 제목이었는데, 여기서 그는 특히 플롱에 반론하고자 하였다. 다른 한편 스미스는 『국부론』에서 중농주의를 비판의 대상으로 삼았다(물론 칭송하는 점도 있다).

흄과 스미스에 있어서 유럽에서 발전의 열쇠가 되는 것은 농업이 아니라 상업이었다. 프랑스와 이탈리아와 같이 '비옥'하다는 나라들에만 통용되는 발전의 다른 방도 따위는 존재하지 않았다. 상업은 단지 재화를 농업생산자를 위하여 이용할 수 있게 하고, 생산성 향상에 필요한 동기를 부여하는 것에 그치는 것이 아니었다. 상업은 해외로부터 국내 시장으로 신규의 생산물을 도입하는 것을 통하여 제조업자에 대하여 그들 자신의 손으로 보다 저렴한 생산물을 구상하도록 고무하고 또 동기부여를 한다. 이로써 일어나는 것이 분업의 강화와 기술 혁신이었다. 흄은, 이러한 기초를 바탕으로 해서 상업은 저임금수준을 이용할 수 있는 가난한 나라에 이익을 가져온다. 그렇다고 해서 그것이 이미 풍요로운 여러 나라에게 장기적으로 불리하게 작용하는 일은 일어날 수 없다. 왜냐하면 풍요한 나라들은 분업과 혁신으로 대응할 수 있기 때문이다. "영국의 신민臣民으로서" 흄은 기꺼이 "독일이나 스페인, 이탈리아, 그리고 프랑스에 대해서까지도 상업의 번영을 기원하였다."

그러나 흄도 스미스도, 흄이 '무역의 질투(jealousy of trade)'라고 부른 것이 유럽 여러 나라에 퍼져 있는 것을 인식하고 있었다. 스미스는『국부론』에서 이것을 "부자연스럽고 퇴행적인" 경제 질서의 역사적 귀결이라고 설명하였다. 스미스가 이해하고 있는 한에서 '풍요의 자연적 진보(natural progress of opulence)'는 상업이 농업과 제조업에 뒤이어 마지막으로 발전함을 가리키는 것이었다. 자본에 대한 수익은 국내에서의 또는 외국과의 무역보다도 농업과 제조업이 더 많기 때문이다.

그러나 유럽에서는 야만인의 침략으로 로마제국이 멸망한 후에, 농노 노동력이 보다 수탈적인 주인에게로 이동하는 일이 일어났다. 새로운 봉건 영주는 토지에의 투자라는 발상을 가지지 아니하면서도 다수의 가신家臣을 거느렸다. 봉건 영주는 해외의 상인이 그에게 제공한 '자질구레한 싸구려 물건'에 유혹되어서 이를 구입하고자 하는 때에만 가신을 해고하고 농노를 해방하였다. 그때 농노들은 자유로운 노동력을 제조업자에게 제공하기 위하여 도시로 이주하였다.

이와 같은 '부자연한' 과정은 제조업자, 나아가 최종적으로는 토지 소유자에까지도 투자에의 동기를 부여한다는 유익한 귀결을 수반하였다. 그러나 이 과정에 의하여 동시에 상인, 특히 해외의 상인이나 무역회사가 경제정책의 추진자의 자리를 차지하게 되었다. 그 결과가 스미스가 '상업적 체계(mercantile system)', 즉 중상주의라는 이름으로 부른 것이었다. 이 체계 아래서 상인은 속이기 쉬운 무지한 정부를 설득하여, 자유로운 상업을 희생으로 해서 그들 자신의 특수한 이해利害가 유리하게 되도록 하였다. 흄과 마찬가지로 스미스는 그러한 '무역의 질투'에 대한 예리한 비판자이었다. '무역의 질투'에 대하여는, 유럽을 그리고 유럽의 세계 무역을, 자원과 시장의 지배로의 욕구에 의하여 좌지우지되는 항상적으로 벌어지는 영속적 다툼의 무대로 만들게 되지 않을까 하는 두려움이 있었다.

그러나 흄도 스미스도 사회에 있어서 상업이 가지는 모든 종류의 이익을 확신하고 있었다. 상업에 의하여 공공公共은 스스로를 방위할 자원을 보다 많이 얻는다는 것이 확실하게 될 뿐만 아니라, 흄이 논한 바와 같이, 노동자를 포함하여 개인들이 종전에 찾아볼 수 없을 만큼의 '생활 필수품을 또는 심지어 주요한 편의품'을 보다 많이 획득하는 것을 보장받기도 하였다. 스미스는 한 나라의 부를 일인당 소득이라고 명확하게 정의하고, 그 부의 증가는 완전하게 상업적인 사회의 현저한 특징이라고 주장하였다. 소유권에 관한 논의를 결론지으면서, 로크는 양 아메리카 대륙의 "규모가 크고 풍요로운 영토의 왕은 잉글랜드의 일용노동자보다도 좋지 않은 의식주밖에 누리지 못한다"고 말한 바 있다. 스미스는 이 주장을 반복하여, 『국부론』맨 첫 장의 말미에서 아프리카의 왕과 비교하였다. 그리고 로크는 거의 착상조차 하여 보지도 못하였던 역사적·경제적 설명으로 그 비교를 보강하였다. 상업 사회에서만 모든 사람이 그 생활을 개선하고 흉년의 공포로부터 해방된다. 그와 같이 흄과 스미스는 논하였다.

그와 동시에 이들 스코틀랜드 사람은 루소의 근대 사회 비판에 대하여 가장 강력한 반론을 제기하였다. 루소는 불평등, 그리고 그 경제적·도덕적·정치적 귀결을 비판하면서, 사회에는 경제적 기초가 있어야 함을 부정하지 않았다. 루소가 모색한 것은, 시골과 도시의 '균형 있는' 성장이었다. 이 견해는 도시민을 시골로 보내도록 요구하였던 페늘롱의 주장에 의하여 배척된 바이었다. 그러나 흄, 그리고 보다 완전하게 스미스가 보여준 것은, 그러한 균형은 어떠한 것이든 본질적으로 불안정하다는 점이다. 국방과 양립할 수 있는 한에서 자유롭게 이루어지는 상업에 종사하여서만 모든 사람의 생활을 개선시키는 성장이 생겨날 수 있을 것이다. 상업을 통한 성장은 부정할 수 없는 도덕적 부담을 수반하기는 할 수 있지만, 그 성장은 그래도 인간의 처지를 개선하는 것이다.

물론 스미스의『국부론』은 논의를 완전히 종결지은 것은 아니었다. 19세기는 다루지 않는다고 하더라도, 18세기의 마지막 10년 또는 20년 동안 경제학자들로부터 허다한 이론異論이 제기되었다. 프랑스의 경제학자들은 프랑스혁명이 일어나는 때를 전후하여, 스미스의 논의로써 더욱 강력하게 되었다고 여겨지는 영국의 경제적 우위성에 대하여 대응을 계속적으로 모색하였다. 이에 대하여 독일의 경제학자는 영국과 프랑스 두 나라로부터 자신의 나라를 지키기 위하여 국내 생산자를 보호하면서 상업의 이익을 취하는 '봉쇄 상업국가'를 구상하면서, 루소의 시사를 이용하였다. 그러나 그때쯤에는 이미 상업이 가지는 변혁력, 그리고 상업이 인간의 근로를 해방한다는 점에 대하여는 더 이상 다투어져 논의되는 일 자체가 없게 되었다. 이렇게 해서 상업의 학문으로서의 경제학은 근대 사회를, 그리고 그 계속적인 발전에의 전망을 이해하는 열쇠가 되었다. 실제로 경제학은 사회를 위한 새로운 보편적 학문으로서, 지적 세계에서 종전이라면 자연법학이 차지하고 있던 지위를 점하게 되었다.

　내가 이로써 제시하려고 하는 것은 그 점에 서양 사상에 대한 계몽의 공헌의 핵심이 있다는 것이다. 즉 내세가 아니라 현세, 과거가 아니라 현재 인간의 개선을 도모하는 것으로서의 경제학에 그것이 있다는 것이다. 그것은 역사적 관점, 즉 '사회의 진보'의 관점으로부터 고찰되는 개선이었다. 그것은 스스로의 한계를 자각하는 관점이었다. 계몽의 경제학이 어떤 것이든, 결핍의 극복 또는 부와 지위에의 접근을 평등하게 달성하기에 이를 정도로 무한의 성장을 약속하는 것은 아니었다. 모든 사람이 평등하고 독립적으로 한가함을 누릴 수 있다는 마르크스의 유토피아적·과학기술적 견해를 계몽의 역사가나 경제학자는 나누어 가지지 **않았다**. 계몽의 철학자나 역사가, 경제학자는 한결같이 상업에 대한 끊임없는 방해, 특히 단기적 시야를 가진 정부가 가하는, 틀린 정보에 기한 방해가 존재함을 충분히 자각하고 있었다. 그럼에도 그들이 낙관적이었던 것은, 근대의 상업 경제의 활동이 매우 다양하고, 세계 속의 엄청나게 많은 여러 개인의 여러 가지 결정을 요구하므로, 어떠한 정부에 의한 지배도 이제는 불가능하게 되었다고 생각하였기 때문이다. 그들은 '국민적 정치에 대한 경제적 한계 설정'이 실제로 존재한다고 믿었다. 그것이 스미스가 『국부론』에서 다음과 같은 유명한 신념을 표명한 이유를 설명하여 준다.

"자신의 상태를 보다 좋게 하려는 각 개인의 자연적 노력을 자유롭게 또 안전이 보장되면서 실행하는 것이 허용된다고 한다면, 매우 강력한 원리에 기하여서 그것만으로써 어떠한 조력도 없이 사회를 부와 번영으로 이끌 수 있을 뿐만 아니라, 그 작용을 너무나도 빈빈히 방해하는 어리석은 인정법人定法(human laws)의 장애, 항상 다소간 그 자유를 침해하거나 그 안전을 감소시키는 많은 부적절한 장애를 극복할 수 있다."[138]

---

138) Adam Smith, *An Inquiry into the Nature and Causes of the Wealth of*

이 신념을 기초로 한 정치적 주장은, 정부는 사회에 귀를 기울여야 하고, 사회의 '의견'에 따라 인도되어야 한다고 한다. 제4장에서 검토하는 대로, 정치적 영향은 이제 여론輿論(public opinion)을 통하여 행사되어야 한다는 이 신념은 정치에 대한 계몽의 어프로치에 특징적인 것이고, 그 새로운 힘을 구축하는 것임과 동시에 종국적으로는 그 치명적 약점이 되는 것이기도 하였다.

Nations, ed. by R. H. Campbell, A. S. Skinner and W. B. Todd (Indiana-polis: Library Fund, 1981), IV. v. b. 43.

제 4 장
공중公衆을 계몽하다

    계몽사상가가 사회나 경제, 또 종교 및 정치를 이해하기 위하여 기울인 지적 노력을 살펴봄에 있어서, 그들이 스스로의 사회에 대하여 실제로 어느 만큼의 충격을 주었는가, 즉 그들을 결합시키고 있던 대의大義를 촉진하기에 어느 정도 성공하였는가를 묻는 것은 역사가에 있어서는 당연한 일이다.

    역사가가 계몽의 연구에 진지하게 진력하기 시작한 20세기 중반의 시점에서 그 연구는 계몽사상의 직접적인 정치적 응용에 초점을 두고 있었다. 그것이 불가피하게 계몽과 혁명의 관계에 역사가들의 눈을 돌리게 하였다. 18세기의 진정으로 최대의 사건이었던 프랑스혁명을 설명하는 것이 특히 프랑스의 역사가에 있어서는 우선적인 사항이었다. 그런데 혁명에 선행하여서는 개혁이, 정확하게 말하면 개혁의 실패가 있었다. 많은 계몽사상가가 프랑스혁명에서 그렇게 한 것과 적어도 같은 정도로 개혁에 직접 관여하고, 위정자, 특히 국왕이나 군주의 정책에 영향을 미치려고 하였던 것이다.

이러한 연결을 표현하기 위하여 역사가들은 '계몽 전제'라는 말, 또는 조금 비난의 정도가 적은 '계몽 절대주의'라는 말을 만들어냈다. 이러한 맥락에서 명백히 주목을 받기에 어울리는 인물은 18세기의 가장 탁월한 위정자이었던 세 사람이다. 프로이센의 프리드리히 2세(재위 1740년~86년)와 러시아의 에카테리나 2세(재위 1762년~96년)는 각각 필로소프들을 자신의 궁정으로 불러들였다. 오스트리아-보헤미아-헝가리 제국의 황제 요제프 2세(1765년부터 어머니 마리아 테레지아와 공동 통치를 행하고, 1780년부터 1790년까지는 단독으로 통치하였다)는 위의 두 사람에 비하여 더욱 급진적이었다.

그러나 1970년대 이후 역사가들의 초점은 계몽의 정치사로부터 사회사로, 나아가 근년에는 문화사로 이행하였다. 현재는 계몽의 충격이라는 문제는 사회 관습과 인쇄 문화에 관한 문제의 하나로 간주되고 있다. 즉 이제 이목은 사교社交 제도나 출판산업 그리고 독자에 쏠리고 있는 것이다. 다만 이들 주제에 관한 연구로부터 많은 것을 알게 된 반면에, 계몽의 문화사에는 지식인의 실제 모습이 파묻혀 보이지 않게 되는 위험이 따른다. 철학자들의 주장을, 이를 널리 전하는 제도나 미디어에 종속된 것으로 다루기 때문이다.

이 장에서 나는 계몽사상이 형성되고 전승된 문맥에 관하여 역사가들이 지금까지 명확하게 제시하여 온 바를 개관하고자 한다. 나는, 계몽을 특징짓는 것은 '공중'과의 관계에서 철학자·문인이 행한 매개 작용이라고 주장하려고 한다. 그들이 추구한 것은 '여론輿論' 형성자로서의 자신의 새로운 역할인데, 이는 공중을 이끄는 수단으로서뿐만 아니라 정부가 달성하려고 하는 사항을 효과적으로 억제하는 수단으로서도 이해될 수 있는 역할이었다. 최종적으로 나는 계몽과 혁명의 관계라는 고전적 문제로 돌아갈 것이다. 이는 계몽은 돌연 프랑스혁명에 맞닥뜨려서, 직접적 정치 행동의 혁명적 발발로써 종언이 고하여졌다고 주장하기 위하여서이다.

'공공권公共圈'

계몽과 사회의 관계에 초점을 맞춘 역사적 이해를 추구하여 가는 데 있어서 '공공권' 이상으로 크게 기여한 개념은 달리 존재하지 않는다. 이 개념은 1962년에 독일에서 발간된 『공공성의 구조 전환(Strukturwandel der Öffentlichkeit)』에서 젊은 독일인 철학자 유르겐 하버마스(Jürgen Habermas, 1929년~)가 만들어냈다. '공공권(public sphere)'이란 독일어 Öffentlichkeit에 대응하는 말로서 그 영어 번역으로 사용되었다. Öffentlichkeit는 '공중公衆public' 또는 '공공성publicity'이라고 번역될 수도 있다.

그 책은 출판된 당초부터 계몽을 둘러싼 철학 논쟁에 일정한 기여를 하였다. 그 점의 중요성은 다음의 제5장에서 다시 논하기로 한다. 그러나 영어 번역본(1989년에 출간되왔다. 1978년의 프랑스어 번역본에 이어진다)이 나올 무렵에는 이 책은 역사가의 착상의 근원이 되고 있기도 하였다. 그것은 마르크스와 베버의 전통에 속하는 역사사회학자 하버마스가 17세기 말 그리고 18세기로부터 수집한 풍부한 역사적 증거의 집합이야말로 그의 주장의 기초를 이루고 있었기 때문이었다.

그의 주장은 얼핏 마르크스주의적으로 보인다. '봉건' 사회에서는 귀족·교회·왕후 지배자가 '공공'을 독점하고, 예술이나 서적 미디어를 사용하여 '공공'의 외견外見을 통제하였다. 자본주의적 사회 관계가 도래하면서 초기의 부르주아 층은 가정 내에서의 '사적私的' 자립의 영역을 영위하기 시작하였는데, 애초에는 가정 밖에서 자립을 표현하는 수단을 가지지 못하였다. 그러나 1700년경이 되면, 인쇄물이 유포되고 또 사회화를 위한 새로운 공간이 창출된 것을 통하여 그러한 수단을 이용할 수 있게 되었다.

종전에 부르주아 가정의 사유私有 영역이었던 것이 점차로 밖으로 나와서 '공공권'에로 확장되고 교회나 궁정, 정부로부터 독립한 공간을 차지하게 되었다. 처음에 그 공공권은 '문예적(literary)'인 것에 불과하고, 저술의 새로운 장르로 그리고 확대하는 독자층으로써 표현되었다. 그것은 부르주아 층이 정치 권력의 분속分屬을 요구할 준비를 갖춘 때에 '정치적'인 것이 되었다.

그의 철학적 착상은 칸트에 있어서의 계몽의 장場으로서의 '공공' 개념에 있었다고는 하나, 하버마스는 압도적 다수의 증거를 영어 문헌, 특히 18세기 초엽의 잡지 『스펙테이터(The Spectator)』[139]로부터 찾아냈다. 이와 같이 영국에 친화적인 공공권의 소묘가 영어권의 역사가들에게 널리 받아들여졌다고 하는 것은 별로 놀랄 만한 일은 아닐 것이다. 그러한 호평은, 하버마스가 18세기 초엽의 부르주아 문화를 19세기 후반 및 20세기의 타락한 대중문화라고 부를 수 있는 것에 대비시킨다고 하는, 옛날을 그리워하는 듯한 성질의 입론을 하는 것으로 더욱 강하게 되었다. '공공권'의 개념은 18세기에, 그리고 계몽에 신선미 있는 무게를 부여하였다.

물론 잉글랜드는 계몽의 전통적 중심지는 아니었다. 말하자면 잉글랜드의 공공권은 하버마스가 상상한 것보다도 훨씬 전에 정치화되어 있었다. 1695년에 출판검열법(Licensing Act)이 실효된 이래 인쇄물을 사용한 정치 논쟁은 규제를 받는 일이 거의 없었고, 저 『스펙테이터』조차도 정치적 의도와 관계가 없지는 않았다. 그런데 역사가들에 있어서는 전 유럽적 계몽의 사회사 내지 문화사를 의도하는, 인기가 상승하고 있던 지금까지의 연구 수법에 '공공권'의 개념을 적용할 수 있었다. 나아가 한 마디 하여 둔다면, 하버마스가 제안한 '문예적' 공공권과 '정치적' 공공권의 구별은 브리튼에 특수한

---

139) 이는 1828년에 창간되어 지금도 간행되고 있는 같은 이름의 영국 정치 및 문화 전문 주간지와는 다른 것이다.

상황 이상으로 유럽대륙에서의 전개 양상에 적합한 것이었다.

따라서 1989년 이후에는, 계몽이 종전에 활발하게 다루어졌던 사회에 대하여 계몽이 준 충격을 역사가들이 고찰하고 평가하기 위한 개념으로서 공공권은 짧은 기간 사이에 스스로의 지위를 확립하였다. 그렇지만 역사가가 공공권과 결부시킨 여러 제도가 계몽에 있어서 과연 진정으로 유효한 추진장치이었던가 하는 물음에 대한 답은 항상 자명하다고는 말하기 어렵다.

사교의 제도

정부 또는 궁정으로부터 독립한 공공권이 출현하는 데 결정적으로 중요한 것은 사교(sociability)의 여러 제도이었다. 사회의 상류 계층과 특히 중류 계층이 자유롭게 처분할 수 있는 많은 소득을 가지게 된 것이 자발적 사교를 위한 새로운 기회를 만들어냈다. 이들 계층 출신이라면 남자도 여자도 친구·지인과 만난다는 목적만으로 외출을 할 여유가 있었고, 스캔들을 일으키거나 정치적 음모를 드러내지 않고도 대화를 즐길 수 있었다. 이러한 제도는 분명히 도회적이었다. 시골의 사교는 교회라든가 이웃 방문에 제한되기 쉬웠다. 그러나 소도시 또는 도시는 단지 지리적인 장소를 의미하는 데 그치는 것이 아니었다. 거기에는 공공의 오락 설비, 인쇄소나 서점 또는 진료소가 있어서, 이들은 지적이고 문화적인 활동을 뒷받침하는 사유재산과 합하여져서 하나의 자원資源을 이루고 있었다.

새로운 사교의 제도 중에서 새로운 공공권과 가장 밀접하게 결부되어 있었던 것은 커피하우스이다. 일반 사람에서 팔리는 커피는 17세기 중반에 터키로부터 유럽에 소개되어, 최초의 커피하우스는 1645년에 베니스에서 개업하였다. 그러나 커피하우스가 처음으로 널리 보급된 것은 잉글랜드에서이다. 1650년에 옥스포드에 커피하우스 점포 하나가 열렸고, 바로 런던으로 퍼졌다. 파리가 그에 이어지고, 거기에서는 1720년까지 약 280개, 1750년까지 약 600개, 1789년까지 약 900개의 점포가 영업하였다. 18세기 동안에 커피하우스는 유럽대륙 전체에 확산되었다.

술집보다 조용하고 질서가 지켜지는 이러한 장소야말로 새로운 사교활동의 공간으로서의 의미가 있었다. 이 공간은 얼마 안 가서 스스로 의식적으로 자신의 에티켓을 수립하여 갔다. '예절(politeness)'의 가치는 계층 질서에의 경의가 항상 극히 중요하였던 궁정이라는 원래의 무대로부터 이곳으로 옮겨져서, 커피하우스 단골손님 사이의 질서 있는 대화를 가능하게 하는 요건으로 재구성되었다. 이곳에서의 대화는 읽는 것에 바탕하여 행하여진다. 『스펙테이터』를 선구자로 하는 잡지 장르는 이상적일 만큼 커피하우스라는 환경에 적절하였다. 길이의 점에서도, 형식의 점에서도, 잡지는 대화에 기여하는 것으로 읽혀졌다. 잡지 기사는 즐겁게 하기를 목표로 하여서, 종교적 또는 정치적 당파성은 회피되었다. 유행에서부터 — 항상 도시 사람들의 관심을 모았던 — 시골에서의 기분 전환, 성장하고 있던 공적 신용제도와 같은 새로운 공공현상에 이르기까지, 잡지는 일반의 관심사가 될 수 있는 화제를 커피하우스의 독자에게 제공하였다. (그림 10)

커피하우스, 그리고 그 유사물, 예를 들면 차이는 별로 없는데 커피하우스 이상으로 평판이 좋았을 수도 있는 초콜렛하우스는 얼마 지나지 않아서 거기에서 판매되는 기호품들을 자신과 마찬가지로 문예의 대상이 되게 하였다. 특히 커피는 에스프리, 즉 정신의 예민함과 결부되어서, 『백과전서』의 「카페(Caffés)」 항목은 카페를 '정신의 공장'으로 묘사하려고 하였다. 문인들이 커피하우스 중 어떤 것을 각자의 '식민지'로 만들었는데, 다른 한편 커피나 초콜렛의 품질도 식자층의 탐구 대상이 되었다. 그런데 이러한 소재에 대하여 글을 쓰는 사람들은 커피나 초콜렛이 소비되는 환경에 어울리는 마음가짐, 즉 풍자와 기지機智로써 대응하여 가려는 마음가짐으로 저술하여야 하였다. 커피하우스는 새로운 형태의 저널리즘에 시장을 제공한 것만이 아니었던 것이다. 그것은 철학자들에게 그들의 동료보다도 훨씬 많은 수의 공중이 귀기울일 수 있게 하는 수법으로 저술하는 것을 가르쳐 주었다.

역사가 몇 사람이 새로운 공공권의 출현, 그리고 계몽사상의 전파와 결부시키려고 하였던 제도의 두 번째 것은 프리메이슨 집회소

The Coffee-house Politicians.

(그림 10) '커피하우스의 정치가들'. 런던의 어떤 커피하우스의 풍자화
(1772년). 정치뉴스와 토론의 중심지로서의 평판을 반영하고 있다.

이다. 프리메이슨은 석공石工 동업조합에서 시작되었다. 석공업과의 결합은 예루살렘 신전140) 건설의 이상화, 즉 신전의 건축사 히람,141) 그리고 유태인이 바빌론 유폐에서 돌아온 후의 그 재건자 제르바벨의 축복을 통하여 보존·유지되었다. 이 운동이 적어도 겉으로 표방하는 희망은, 바벨의 탑을 재건하여 세계에 조화調和를 회복하는 것이었다.

그 새로운 집회소는 1599년 스코틀랜드에서 고위층을 포함하여 보다 광범위한 회원을 거느리는 것으로서 처음 설립되었다. 이 모임은 17세기 동안 남하하여 잉글랜드에 퍼져서 1670년에 최초의 런던 집회소가 만들어졌다. 그런데 프리메이슨이 제도적 운동으로서 발흥하여 유럽대륙의 여러 곳에 집회소가 설립된 것은 18세기의 일이었다. 1800년까지 프랑스만으로도 900여개의 집회소가 있었고, 회원은 4만에서 5만 사이라고 추정된다. 유럽 전체로는 수천 개의 집회소가 존재하였다. 집회소는 여러 가지 점에서 서로 달랐는데, 예를 들면 행하여지는 '의식儀式'이나 그 구성에 차이가 있었다. 많은 집회소에서는 회원 자격의 명백하게 평등주의적인 성질이 고귀한 자의 높은 참가 비율과 모순을 이루고 있었다. 그렇지만 프리메이슨의 급속한 성장과 그 확산의 범위는 위로부터의 재촉이나 방해 없이

---

140) 예루살렘 성전 또는 「거룩한 성전」은 예루살렘의 산(하르 하바이트)에 있었던 유대교의 성전이다. 크게 제1성전과 제2성전으로 나뉜다.
141) 구약성서 중의 인물로 후람(Huram)이라고도 한다. 티로스 출신의 유능한 청동세공사로 솔로몬이 신전 조영시에 그를 불러들여서, 야킨과 보아스의 제작을 비롯해 눈부신 업적을 이루었다고 한다.

(그림 11) 프리메이슨. 프랑스의 집회소를 그린 것으로, 회원들이 새로운 '상급 메이슨들(Master masons)'을 영접하고 있는 장면이다. 프리메이슨의 의식상의 장구裝具들, 그리고 구성원이 남성만인 점에 유의하라.

자발성을 기초로 하여 결합한 유럽 부유층에 있어서의 새로운 자유의 존재를 인상적으로 증명하는 것이었다. (그림 11)

그럼에도 불구하고 프리메이슨을 공공권과 결부시키려고 하면 곤란한 점이 명백히 드러난다. 회원에게 과하여지는 비밀주의가 그것이다. 비밀주의는 자기 신민臣民의 자주적이고 자발적인 집회에 익숙하지 않은 위정자들에게 프리메이슨에 대하여 의구심을 품게 하였다. 교황은 더 나아가서 프리메이슨에게 이단이든가 그렇지 않더라도 신심이 없다는 혐의를 걸었다. (성서로부터 착상을 얻은 것에서도 명백한 대로, 실제의 프리메이슨은 기독교에 대치하는 것은 아니었는데, 그럼에도 유태인이나 이슬람교도는 배제하였다). 이러한 여러 가지의 의심이, 특히 18세기 중반 수십 년 동안 이탈리아의 여러 국가에서 그러한 대로, 때때로 그 운동을 억압하고자 하는 시도를 불러일으켰다. 18세기가 종말에 가까워지면, 바이에른에서 기원하여 이탈리아로 남하한 프리메이슨 급진파의 '광명파(Illuminati)'가 의심의 불에 기름을 부은 격이 되었다.

그러나 프리메이슨은 대체로 기존 회원이 새로운 회원의 입회를 통제한다는 의미에서 배타적으로 회원을 제한하는 조직으로서의 활동 이상의 것을 하였다. 회원 자격은 집회소 동지끼리 편의를 도모하는 것에 의한 회원의 상호 인정, 그리고 그에 이어지는 다각적인 친분이라는 이점이 있었다. 여행을 떠난 회원은 방문지의 집회소에 지원을 구할 수 있었다. 즉 회원의 자격은 일종의 패스포트를 제공받은 것에 해당하였다.

많은 철학자들도 그 회원이었는데, 철학자 모두가 회원인 것은 아니었다. 볼테르, 망드빌, 흄은 운동을 비웃었다. 망드빌의 견해에 의하면, 프리메이슨들은 자신의 집회소에 모여서 그 신비한 의식을 행하였으나, 그들은 프리메이슨의 한 사람이 되는 것 이상은 아무것도 실행하지 않았다. 회의적인 역사가 흄이라면, 도대체 회원 자격이 어떠한 지적 목적에 기여하는 것인가를 간취하기가 곤란하다고 한 마디 덧붙였을지도 모른다. 지금까지의 장에서 서술하여 온 종교와 사회를 둘러싼 논의의 여럿에 대하여 프리메이슨이 어떠한 기여를 하였다든지 전달자 역할을 하였는지는 명확하지 아니하다.

공공권과 결부된 제3의 제도는 살롱이었다. 이는 오랫동안 계몽에 있어서의 사회성의 **극치**라고 간주되어 왔다. 살롱은 18세기 중반의 파리에서 번성하여, 그 도시의 지도적 문인들 여럿을 끌어들였다. 살롱은 죠프랭 부인,[142] 쥴리 드 레스피나스[143] 필로소프의 처인 엘베티우스 부인,[144] 스위스인 은행가 자크 네케르[145]의 처 네케르 부인 등 양가 출신이거나 유복한 '살롱 여주인(salonnières)'의 손으로 꾸려나갔다. 이러한 여성들의 지적 매개작용, 즉 자신이 출석해 줄 것을 요청한 친우(때로는 애인)는 문인인 경우가 많았는데 그 문인의 대화를 고무하고 또한 방향을 제시하는 작용에 대하여는 디나 굿먼이 강력한 주장을 행하여 왔다. 굿먼에 의하면, 살롱은 여성들이 지적으로 중요하고 두드러진 역할을 수행하는 장場으로서 기능하는 공공권을 형성하였다는 것이다.[146]

---

142) Marie Thérèse Rodet Geoffrin, 1699년~1777년. 프랑스 계몽의 여성 주역 중 1인.
143) Jeanne Julie Éléonore de Lespinasse, 1732년~76년. 달랑베르를 정신적으로 뒷받침하였고, 동시에 귀베르와 사랑의 서신을 나눈 서간문학가이기도 하다.
144) Anne-Catherine de Ligniville, Madame Helvétius, 1722년~1800년. 「미네 뜨」라는 별명으로 알려지기도 하였다. 남편 엘베티우스에 대하여는 뒤의 주 164 참조.
145) 뒤의 주 195 및 그 본문 참조.
146) Dena Goodman, Enlightenment Salons: The Convergence of Female and Philosophic Ambitions, *Eighteenth-Century Studies*, Vol. 22, No. 3 (Special Issue: The French Revolution in Culture) (Spring, 1989), pp. 329-350. 그녀의 *The Republic of Letters: A Cultural History of the French Enlightenment*

이 주장은 과장된 점이 있다고 생각된다. 앙토완 릴티[147)는 살롱 여주인이 가진 주재主宰의 자유는 사회적인 프로토콜에 의하여 제한되어 있었다고 설명하고, 나아가 살롱이 줄기차게 지위에 집착하는 태도와 밀접하게 결합되어 있는 '사교생활(mondanté)'의 귀족풍 문화에 어느 만큼 깊이 결부된 채로 있었는지를 강조하였다. 문인이 살롱에 출석한 것은 살롱이 은고恩顧의 가능성을 제공하여 주었고, 또한 살롱과 관계를 맺으면 지금 이상으로 높은 사회적 지위가 주어지기 때문이었다. 그러나 살롱의 문화는 문인들의 지적 또는 정치적 목적에 들어맞게 되어 있지 않았다. 사실 문예적 살롱은 애초 17세기의 제도이고, 18세기의 것은 아니었다. 뿐만 아니라 여성의 지적 이니시어티브가 존중된 것은 오히려 전자에서이었다. 이것은 "정신에는 성性의 구별이 없다"는 데카르트의 명제 덕분이었다. 대조적으로 18세기의 살롱의 여주인들은 그 앞의 세기에 비하여 소극적이고, 사회적으로는 귀족정에, 지적으로는 문인에 의존하고 있었다. 결국 살롱은 공공권의 제도라고 할 수 없고, 계몽의 주요한 수단도 아니었다. (그림 12)

파리의 살롱이 몇 사람이 그렇게 생각하였던 것과 같이 여성의 지적 주도성을 위한 무대가 아니었다고 하더라도, 런던이 파리 이상

(Ithaca: Cornell University Press, 1994)도 참조.

147) Antoine Lilti, Sociabilité et mondanité: Les hommes de lettres dans les salons parisiens au XVIIIe siècle, *French Historical Studies* Vol. 28, No. 3 (Summer 2005), pp. 415-445.

(그림 12) 살롱. 미셸-바르텔레미 올리비에(Michel-Barthélemy Ollivier, 1714
년~84년)의 작품 『성당기사단 회당의 네 거울 살롱에서의 잉글랜드식 차』(1766
년).[148] 놀랄 만큼 아름답고 또 높은 천정의 방에서 살롱이 열리고 있다.

으로 그에 어울리는 모습을 보여준다는 사실이 이제는 분명하게 되
었다. 런던에서는 '청탑파靑鞳派'[149]라고 알려진 그룹이 스스로를 세

148) 이 그림의 제목에는 부제로 '콩티 공 일행 전부가 젊은 모차르트의 음악을 들
    으며(avec toute la cour du prince de Conti, écoutant le jeune Mozart)'라는
    부제가 붙어 있다.
149) The Blue Stockings Society. 1750년대 초에 엘리자베스 몬태규, 엘리자베스
    베시 등에 의하여 조직되어서 처음에는 문학을 토론하는 여성의 모임으로 출발하
    였다. 점차로 여성의 사회적·교육적 운동을 주도하는 단체로 발전하여 교육과 상
    호 부조를 강조하였는데, 남성도 받아들였다. 그 회원 중 한 사람이 제대로 복장

상으로부터 인정받게 하고 있었다. 셰익스피어 비판으로 사뮤엘 존슨으로부터 마지못한 경의를 얻어낸 엘리자베스 몬태규[150]가 이끄는 이 그룹에는 역사가 캐서린 매콜리,[151] 저술가 엘리자베스 카터,[152] 그리고 앤 레티셔 바볼드,[153] 예술가 안젤리카 카우프만[154]이 포함되어 있었다.

신앙에 있어서 급진적인 '국교 반대'가 여성의 지적 야심을 뒷받침하는 별개의 사회적 문맥을 준비하였다. 메리 울스턴크래프트[155]와 소설가 메리 헤이즈[156]는 두 사람 모두 런던의 유니테리언파와 리버럴한 장로파의 단체에서 활동하였다. 그러나 프랑스, 독일, 스페인과 같은 다른 나라에서는 그러한 자유는 잘 유지될 수 없었다.

을 갖추지 못하고 푸른 색 스타킹을 착용하고 출석하는 것에서 "복장보다 대화를 우선한다"는 이 모임의 취지를 잘 보여준다고 해서 「청탑파」라는 이름으로 불렸다. 일본에서는 1911년에 히라츠카 라이쵸(平塚らいてう)를 중심으로 하여 여성 권리 향상을 목적으로 한 모임 「청탑사」가 조직되고 잡지 『청탑』이 창간되었다.

150) Elizabeth Montagu, 1718년~1800년. 영국의 사회개혁가이며 예술 후원자로서, 「청탑파」를 조직하고 지도하였다.

151) Catherine Macaulay, 1731년~91년. 앞의 주 103도 참조.

152) Elizabeth Carter, 1717년~1806년. 청탑파에 속하여 엘리자베스 몬태규를 지지하였다. 기원 후 1세기 말부터 2세기 사이에 살았던 것으로 알려진 에픽테투스의 『담화록(Discourses)』을 영어로 번역하기도 하였다.

153) Anna Laetitia Barbauld, 1743년~1825년.

154) Maria Anna Angelika Kauffmann, 1741년~1807년. 스위스의 신고전파 화가로서 런던과 로마에서 활약하였다.

155) Mary Wollstonecraft, 1759년~97년. 영국의 문인이면서 여성 권리의 혁신적 주창자로서 그의 『여성의 권리 옹호(A Vindication of the Rights of Woman)』 (1792년)로 유명하다(손영미 번역의 『여권의 옹호』(2014년), 문수현 번역의 『여성의 권리 옹호』(2018년) 등이 있다). 오늘날 그녀는 페미니스트 철학의 창시자의 한 사람으로 평가되고 있으며, 그의 저작뿐만 아니라 생애도 그러한 관점에서 주목을 받는다.

156) Mary Hays, 1759년~1843년.

주도권을 쥐는 것, 특히 여성 교육의 대의大義를 밀고 나가는 것은 개개인에게는 가능하다고 하더라도 여성의 지적·정치적 활동을 하는 데 필요한 새로운 사회 공간이 프랑스에 존재할 수 있었던 것은 혁명 후인 1790년대의 일이었다.

어쨌거나 남성만이 아니라 여성인 저술가를 위한 기회의 증대는 새로운 사교 제도의 덕분이라고 하기보다는 오히려 인쇄 문화가 확대된 덕분이었다. 사교 제도는 인기가 있었는데, 공공권을 창조하고 또 유지한 것이 무엇인가 하고 묻는다면, 그것은 출판업자와 인쇄업자의 노력이었다.

인쇄 문화

18세기에는 인쇄 기술에 대해서도, 출판 조직에 대해서도 특별히 커다란 혁신이 일어나지 않았다. 그러나 출판 사업의 규모와 복잡성에 있어서는 변화가 생겼다. 여러 가지 발전의 발자취를 되새겨본 다음 출판 '혁명'을 말하는 역사가들도 있기는 하다. 그러나 그것은 구조 변화의 폭을 과장한 것이라고 생각된다. 물론 추세로서는 출판업이 점차로 인쇄업으로부터 분리되어 갔다고 하더라도, 그 산업 자체는 어디까지나 고정된 형태가 없고, 인쇄·출판·서적 판매 사이의 분업은 결코 명료하기 않았기 때문이다. 그러나 생산고의 확

대는 부정할 수 없으며, 출판된 책의 숫자는 18세기 내내 증가하였다. (그림 13)

이미 있던 업종은 성장을 계속하였다. 성서, 설교록, 신심서信心書, 역서曆書는 모두 지금까지 이상의 수가 출판되었다. 그런데 종교 서적이 점하는 비율은 현저히 하락하였다. 독일에서는, 그리고 아마도 프랑스에서도, 1740년에는 40퍼센트에 조금 못 미쳤던 것이 1770년까지 약 25퍼센트가 되었고, 1800년을 맞을 즈음에는 14퍼센트에까지 떨어졌다. 라틴어로 된 서적도 그 숫자는 늘었으나 비율은 저하하는 추세를 보인다. 정기 간행물이나 소설, 역사서 또는 폭로서, 특히 뒤의 셋은 '이야기'의 형태를 취하고 있고, 읽을거리의 다양화에 민감한 남녀 일반 독자층에 어필하는 바가 컸기는 했지만, 그러한 출판물이 증가하였다는 사실이 앞서 말한 추세가 나오는 이유를 설명하여 준다.

출판업자는 철학이나 경제학의 진지한 저술도 인수하였으므로, 다양성은 더욱 컸다. 역사만큼은 팔리지 않는다고 하더라도, 그러한 출판업자들도 때로는 보답을 받는 일이 일어났다. 애덤 스미스의 『국부론』은 18세기 기준으로 말하면 베스트셀러이었다. 대학의 교과서도 다른 서적과 마찬가지로 이제 점점 자기 나라의 말로 쓰여지게 되고, 판매수도 증가하였다. 열쇠는 판형版型의 선택에 있었다. 역사서나 철학·경제학의 서적은 처음에 4절판으로 출판되는 일이 많았는데, 점차로 8절판으로 또는 12절판으로까지 축소되어 가서

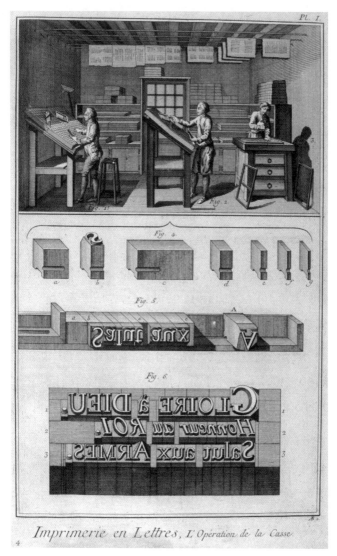

Imprimerie en Lettres, L' Opération de la Casse

(그림 13) 인쇄소. 그리고 『백과전서』와 함께 출판된 도판집(1762년~72년)으로부터 따온 활자 조합.

출판업자의 비용이나 매수하는 사람이 내야 하는 가격을 끌어내렸다. 『국부론』의 여러 판 중 처음 둘은 런던의 윌리엄 스트래헌과 토마스 캐델에 의하여 4절판으로 출판되고, 아마도 각각 750부씩 인쇄되었고 한 부당 2기니이었다. 그러나 제3판은 8절판으로 1천부를 찍었고, 1기니에 판매되었다.

역사적으로 보아서, 출판업자는 여러 가지 형태의 배타적 특권을 확보함으로써 자신의 투자를 담보하여 왔다. 예를 들면 프랑스에서는 왕립 출판국이 파리 기타 주요 도시의 출판 동업조합에 그러한 특권을 인정하고 있었다. 브리튼에서는 1710년의 의회 제정법으로 저작권(존속기간은 14년이고, 저자가 생존하고 있으면 다시 14년 기간으로 갱신될 수 있었다)이 도입되었다. 이 제도는 1774년에 청원에 기하여 귀족원이 이를 옹호함으로써 프랑스에서와 마찬가지의 목적이 어느 정도 달성된 반면, 저작의 원소유권은 저자에게 남겨졌다. 그러나 그러한 법적인 보호는 비교적 방대하고 수미일관성을 지키는 사법제도가 있어야만 효과가 있다. 대부분의 독일에서 그리하였던 것처럼 사법관할권의 단위가 협소한 장소에서의 법적 강제에는 상당한 곤란이 수반되었다. 브리튼 본토에서까지 출판업자들은 동업자 사이의 다소한 형식을 갖춘 협약에 의하여 자신의 비즈니스를 보호하고 있었다. 그러나 더블린이나 북아메리카의 식민지에서 자신의 책이 아무런 보상도 없이 출판되는 것을 막을 계책은 전혀 없었다는 것을 기억해 두어야 할 것이다. 『국부론』의 8절판은 처음의 4절판이 런던에서 출판되고 몇 개월이 지나지 않았음에도 더블린에서 출판되었고, 가격도 경쟁이라고 하듯이 1파운드 미만으로 설정되어 있었다.[157] 애초 그 책을 출판하였던 「스트래헌과 캐델(Strahan & Cadell)」출판사는 화가 났지만, 그들이 궁하게 되는 일은 없었다. 그들 자신의 8절판이 연합왕국 내부에서의 그들의 지위를 회복시켰기 때문이다. 다른 한편 그 저작 자체는 훨씬 넓게 퍼져나가게 되었다.

계몽의 모든 출판 기획 중에서 가장 주목을 받을 만한 것은 달랑베르와 디드로의『백과전서』이었다. 애초의 출판업자이었던 앙드레 프랑소와 르 부르통이 본문 17권의 초판과 추가 도판 11권을 맡아서, 그 전부가 1751년부터 1772년까지 사이에 2절판으로 출판되었다. 제본에 비용이 많이 들었고 또 1757년에는 검열 관계로 중단하지 않을 수 없게 되었음에도 불구하고, 이 모험적 사업은 그러한 것을 메우고도 남을 만하게 금전적 재미를 보았다. 1768년에 르 부르통은 후속판의 권리를 사들였는데, 그즈음까지 거칠게 계산하더라도 도합 250만 루블 정도를 벌어들였던 것이다.

로버트 단턴[158]이 밝혀낸 대로, 『백과전서』의 출판에 관련한 진

---

157) 대체로 1기니는 1파운드에 대응한다고 볼 수 있으나, 나중에는 전자가 조금 가치가 높았다.
158) Robert Darnton, 1939년~ . 18세기 프랑스 전공의 문화사가로서 프린스톤대학교 교수. 2007년부터 2016년까지는 하버드대학교의 도서관장을 지냈다. 우리나라에는 그의 저술이『고양이 대학살』(조한욱 역, 1996년),『로버트 단턴의 문화사 읽기』(김지혜 역, 2008년),『책의 미래 — 소멸과 진화의 갈림길에서 책의 운명을 말하다』(성동규 등 역, 2011년),『시인을 체포하라 — 14인 사건을 통해 보는 18세기 파리의 의사소통망』(김지혜 역, 2013년),『책과 혁명 — 프랑스 혁명

정한 영웅은 르 부르통으로부터 권리를 사들인 인물 샤를-조세프 팡쿠크[159]이었다. 1771년부터 76년에 걸쳐서 2절판의 제2판이 출판된 후에 팡쿠크는 루이 16세의 후원으로 12년 기간의 '특권'을 획득하고, 그것에 의하여 그의 공동 출판업자이었던 뉴샤텔의 활판 출판 협회와 그는 관세를 납부하지도 검열을 받지도 않으면서 신판의 『백과전서』를 프랑스 국내로 수입할 수 있게 되었다. 팡쿠크는 경쟁 상대방과 거래하기 위하여, 그리고 궁극적으로는 그들을 깨부수기 위하여 이 특권을 이용하였다. 먼저 그는 4절판의 출판 기회를 노리고 있었던 죠제프 듀플렝[160]과 손을 잡았다. 그것은 1777년부터 79년에 걸쳐서 제네바 및 뉴샤텔에서 출판되어 경비의 120퍼센트에 달하는 이익을 얻었다. 다음으로 그는 1778년부터 1782년까지 로잔느와 베른에서 8절판을 출판한 업자들을 함정에 빠뜨려서 8절판의 판본으로 그에게 빚을 갚도록 강제한 다음, 이것을 바로 시장에서 '투매하였다.'

팡쿠크는 이처럼 비정한 사업으로 상당히 많은 돈을 벌었는데, 이로써 독자에게도 득이 되게 하였다. 1789년까지 프랑스에는 1만4

이전의 금서 베스트 셀러』(주명철 역, 2014년), 『혁명 전야의 최면술사 — 메스머주의와 프랑스 계몽주의의 종말』(김지혜 역, 2016년), 『검열관들 — 국가는 어떻게 출판을 통제해 왔는가』(박영록 역, 2021년) 등이 —외국의 역사학자의 저서로서는 놀랄 만큼, 혹은 균형을 잃을 만큼, 많이— 번역되어 있다.
159) Charles-Joseph Pancoucke, 1736년~98년.
160) Joseph Duplain, ?~1794년. 프랑스 리옹에 1660년부터 있었던 「듀플렝 서점」을 물려받았다. 그는 1794년에 기요틴에서 처형당하였는데, 그 전인 1784년에 그의 조카 피에르 쟈크 듀플렝이 서점을 파리로 이전하였다.

천 부 내지 1만6천 부의 『백과전서』가 반포頒布되어 있었다고 여겨진다. 4절판 및 8절판의 여러 판본이 이용할 수 있게 되었으므로, 문인뿐만 아니라 보다 널리 지방의 중류 계층이나 행정관, 부르주아 또는 성직자도 이를 손에 넣을 수 있게 되었다. 『백과전서』는 프랑스 곳곳에서 잘 팔렸다고 하는데, 특히 지적 생활을 뒷받침하는 제도적 기구, 즉 고등법원(Parlement)이나 지방의 아카데미가 있는 곳에서 매상이 가장 좋았다.

인쇄물의 생산 및 유통을 통제하는 것에 관하여 흔들림 없이 명확한 이해관계를 가지고 있었던 것은 물론 성직의 그리고 세속의 권력자들이었다. 로마카톨릭 세계에서는 교회가 금서목록을 계속 작성하고 유지하였다. 프로테스탄트의 여러 파에서는 그 적절한 통제를 세속의 행정관료에게 맡겼는데, 삼위일체 교리의 부정이 17세기에 네덜란드공화국[161]과 잉글랜드의 양편에서 비합법으로 된 것을 시초로 하여 넘어서는 안 되는 선이 존재함은 명백하였다. 덧붙여 말하자면, 어느 지역의 세속 권력도 예외 없이 출판업의 단속은 서적의 내용에까지 미침을 전제로 하고 있었다. 경제적 규제가 검열과 손을 맞잡고 실시되는 산업, 그것이 출판업이었다.

그러나 이러한 밀접한 관련은 실패의 원인이 되기도 한다. 출판업에 대한 엄격한 통제는 지나치게 성공하였다는 이유로 해서 오히려 유지될 수 없게 되었기 때문이다. 영어권만큼 정부가 태도를 누그

---

161) 앞의 주 35 참조.

러뜨린 예는 달리 없다. 1695년에 출판검열법이 효력을 잃고 난 이후 출판의 자유에 대하여 과하여진 주된 제약이라고 하면 문서에 의한 명예훼손에 관한 여러 법률을 들어야 할 것이다. 이들은 당파적인 정치적 목적에 악용되기도 하였지만, 지적 생활에는 극히 작은 영향밖에 주지 않았다. 대조적으로 프랑스에서는 출판업감독국장이 대개 100명 정도의 열독자閱讀者를 고용하여 출판 전에 서적을 검토하는 일을 맡도록 하였다. 그러나 1750년쯤에는 그러한 조직이 적절하지 않음이 명확하게 드러났다. 1750년부터 63년까지 감독국장의 직에 있었던 말셰르브[162]는 참신한 부드러운 태도로 이러한 사태에 대처하였다. 이 사람이야말로 『백과전서』 제1권에 '특권'을 인정한 인물이며, 또 후년에 공식의 인가를 내림이 없이 저자와 출판업자를 그 후의 소송으로부터 보호하는 '암묵의 허가'라는 개념을 도입하였다. 『백과전서』의 이어지는 권들뿐만 아니라 철학이나 경제학의 여러 저작들을 포함하여 일군의 계몽 출판물이 그 수혜자가 되었다.

독일에서는 수많은 영방에서 어느 정도 억압적인 통제가 행하여졌다. 그러나 통제는 다양하였으므로, 저자는 출판업자를 확실하게 발견해낼 수 있었다. 특히 중요한 것은 프리드리히 2세의 프로이센이 비교적 관용적이었다는 사실이다. 금서목록까지도 압력을 받아 느슨해졌다. 새로운 저작의 '홍수', 특히 소설의 출현에 직면하여,

---

162) Chrétien-Guillaume de Lamoignon de Malesherbes, 1721년~94년. 프랑스혁명 후 루이 16세의 변호인의 한 사람이었으나, 기요틴으로 처형당하였다.

1753년에 프로스페로 람베르티니,[163) 즉 교황 베네딕토 14세는 대개혁을 선언하였다. 정상에 오르기까지 그는 의심을 받는 책들을 열독하면 금서목록성성禁書目錄聖省에 봉직하고 있었음에도 그러하였던 것이다. 목록의 폐기(그것은 20세기 후반에 이르기까지 행하여지지 않았다)는 있을 수 없는 일이었지만, 이제 저자에 의한 자기 검열을 장려하고 신심 깊은 독서를 권장하는 것을 전략으로 하지 않을 수 없게 되었다.

검열을 계속하는 것은 이미 기본적으로 불가능하게 되었다고 하더라도, 정책적 모순은 저자와 출판업자를 변함없이 괴롭혔다. 프랑스에서는 출판업감독국장이 파리고등법원에 대하여 책임을 지는 경찰과 함께 직무를 담당하는 체제의 불가피적인 귀결로 제도상의 대항관계가 생겨났다. 1757년에『백과전서』에 인정되어 있던 특권을 취소할 것을 강요하여 그 계속 출판을 몇 년에 걸쳐 막았던 것은, 그리고 엘베티우스[164)와 루소의 저작을 발행하지 못하도록 한 것은 다름아닌 파리고등법원이었다. 이탈리아에서는 로마 외에는 금서목록의 운용을 담당하는 관료가 없어서 곤란이 날로 커졌다고 여겨진다. 그렇다고 교회가 스스로 목소리를 내는 일은 결코 없었으므로 저자와 출판업자는 때때로 로마와 타협할 수밖에 없는 위정자들에 여전히 의존하지 않을 수 없었다. 지아노네는 사보아 공작에 납치되

---

163) 베네딕토 14세의 속명 Prospero Lorenzo Lambertini, 1675년~1758년.
164) Claude-Adrien Helvétius, 1715년~1771년. 그의 부인에 대하여는 앞의 주 144 참조.

어 감옥에 갇힌 몸이 되었다. 그 사이에 교회는 그의 『나폴리왕국 시민사』를 금서로 하였을 뿐만 아니라 『세 왕국』[165)]의 초고도 압수 하였다. 그의 이러한 운명은 불멸의 교훈이 되었다. 지아노네만큼 명확한 교회 비판의 소리가 다시 나폴리왕국에서 들리게 되는 것은 1780년대에 들어와서였다. 연합 왕국과 연합 주[즉 영국과 네덜란드] 밖에서 계몽의 지침에 좇은 작품의 출판은 저자의 배짱, 그리고 출판업자의 이니시어티브를 여전히 필요로 하였다.

서적 시장의 성장은 글을 읽을 줄 아는 독자의 숫자가 늘어나는 것을 전제로 하였다. 이에 관한 통계는 거칠기 짝이 없지만, 역사가 들이 믿고 있는 바로는 프랑스에서는 1686년~90년부터 1786년~90년에 걸쳐서 남성의 식자율識字率이 25퍼센트 정도에서 50퍼센트 정도에로, 여성의 식자율이 14퍼센트쯤에서 25퍼센트를 조금 넘는 정도로까지 상승하였다. 잉글랜드에서는 남성·여성의 식자율은 18세기 말까지 프랑스를 상회하여 각각 60퍼센트, 40퍼센트에 달하였다. 스코틀랜드에서는 더욱 높아서, 남성은 65퍼센트에까지 이르고 있다. 물론 이러한 통계는 여러 가지의 차이를 덮고 만다. 특히 중요한 차이의 하나는 도시부의 식자율이 현저히 높았다는 점이다. 또한 계몽 저술가 및 출판업자들에 있어서 그 이상으로 중요하였던 것은 그 읽기 능력의 질이다. 이 점에서는 교회와 국가 양쪽이 건설적 역할을 하였다. 로마카톨릭을 포함하여 모든 교회가 속인俗人

---

165) 이에 대하여는 앞의 주 74 참조.

의 독서에 대한 자신들의 의구심을 덜고, 정부는 학교나 여러 대학에 눈을 돌려서 법 및 의술이라는 전통적 직업에 종사하는 이들뿐만 아니라 문자와 숫자를 읽을 수 있는 관리를 각각의 자리에 앉혔다.

글을 아는 것은 일반 남녀가 철학자나 소설가의 저작을 읽을 수 있게 하였을 뿐만이 아니다. 이로써 그들은 반응하는 것, 즉 물음을 던지는 것도 재촉하였던 것이다. 일부의 역사가 또는 식자 연구자들은 저자뿐만 아니라 독자에게도 매개 기능을 부여하여서, 텍스트는 저자의 의도를 그대로 반영하지 않고 그로부터 벗어나기도 한다고 지적하는 것에 열을 올린다. 그러한 연구자들은 독자가 무엇을 어떻게 읽었는가 하는 문제에 점차로 관심을 돌리고 있다.

18세기 파리의 음식을 주제로 한 에마 스페어리의 현저히 우수한 문예 연구[166]가 명백하게 드러낸 바에 의하면, 일견 '과학적'이라고 할 경력을 갖춘 이들의 권위가 전문가의 의견을 받아들이려고 하지 않는 저급 작가들로부터 반복적으로 도전을 받았다는 사실이다. 볼테르나 뷰퐁 기타의 인물이 이해하고 있었던 바와 같이, 음식은 커피도 증류주도 기호의 문제임과 동시에 철학의 문제이었다. 부엌에 관한 것이기는 하여도, '계몽되어 있다'고 간주된 사항은 계속적으로 논쟁의 대상이 되었다. 다른 장소와 마찬가지로 그곳에서도 욕구의 증식에 반대하거나 사치를 방종으로 치부하는 루소와 같은

---

166) Emma Spary, The 'Nature' of Enlightenment, in: *The Sciences in Enlightened Europe*, eds. by William Clark, Jan Golinski, and Steven Schaffer (Chicago: University of Chicago Press, 1999), pp. 289-93.

간섭이나 비난이 어떤 마음의 줄을 자극하자마자, 다른 누구도 흉내낼 수 없는 방식으로 독자를 물음을 던지는 사람으로 변모시킨 것이었다.

계몽 저술가

이와 같이 하여 부르주아 인쇄 문화는 한없이 확대되는 출판 선택의 폭, 그리고 응답 능력에 자신이 있는 독자층을 작가들에게 제공하였다. 그러나 18세기의 출판 문화는 이와 적어도 같은 정도로 저자의 계속적이고 독립적인 매개 기능을 위하여 많은 것을 이루었다. 몇 가지 이유로 인하여 근자에 사상사와 문예사에 있어서 저술주체성(authorship)은 낮게 평가되고 있다. 많은 학자가, 저자의 의도라고 상정되는 것에 따를 의무가 없이 행하여지는 텍스트 그 자체의 연구 또는 다른 텍스트와의 관련, 즉 '간텍스트성(intertextuality)'의 연구에 초점을 맞추고 있다. 다른 학자들은 독자에 역점을 두어서, 독자에 의한 작품 이해를 저자 자신의 그것보다도 상위에 놓고 있다. 또 다른 학자들, 문화사가 또는 인쇄사가들은 물리적 대상으로서의 서적의 출판과 유통에 주의를 집중하고 있다. 그런데 저술주체성이 저술가에게서 문제이었음은 분명하고, 또 인쇄 문화의 내부에서의 여러 가지의 발전이 저자들에게 새로운 지위와 독립성,

그리고 문예적 권위를 부여하였다는 것도 분명하다.

이러한 발전 중에서 가장 두드러지는 것은 표지에 저자의 이름을 적으려고 하는 강한 의향이 발동되었다는 점이다. 이름 옆에 그의 지위가, 예를 들면 저자의 학위의 약칭이라든가 저자가 속하는 아카데미나 협회의 머리문자가 덧붙여지기도 하였다. 저자가 어느만큼 부유한 경우 또는 출판업자가 매상을 충분히 확신하고 있는 경우에는 저자의 초상판화가 겉표지를 장식하는 일까지 일어났다. 물론 익명이 선호되는 상황이 계속되고 있기는 했다. 신인 저자가 자신이 어떻게 받아들여질 것인지를 불안하게 생각하는 경우 또는 검열관의 특별한 주의를 끌 것으로 여겨지는 경우, 여성 저자가 자신을 드러내는 것을 꺼리는 경우 등이 그러하다. 그렇지만 저자를 확인해 내는 방법은 표지에 이름을 내거는 것이 아니라도 있었다. 즉 서문에서 이름을 들거나 넌지시 비추거나, 당해 저자의 종전 저작에 언급하거나("과거의 어느 작품의 저자에 의하여 쓰여졌다") 하는 것이다. 이들 모두가 독자에 대한 저자의 지위를 분명하게 하는 것이었다.

저자와 출판업자가 저자의 **작품**을 독자에게 인지시키기 위하여 취하는 다른 방법으로는 판형의 선택도 있었다. 그것은 앞에서도 본대로 경제적 판단이기는 하였지만, 동시에 저자의 지위도 보증하였다. 스코틀랜드 계몽 출판업에 대한 당당한 연구에서 리차드 셔[167]

---

167) Richard B. Sher. 1980년대부터 뉴저지 공과 대학교(NJIT)의 역사학 교수. 계몽과 서적에 관한 저서로 몇 개의 학술상을 받은 *The Enlightment and the Book: Scottish Authors and Their Publishers in Eighteenth-century Britain*,

가 보여주는 바와 같이, 『인간본성론』 및 초기의 『논집』의 매상이 좋지 않고 영향력이 보잘것없음에 불만을 품은 흄은 에딘버러와 런던의 출판업자들을 설득하여 2편의 철학적 『연구(*Enquiries*)』와 여러 권의 『논집(*Essays*)』을 『여러 가지의 주제에 관한 저작집(*Essays and Treaties on Several Subjects*)』으로 다시 꾸며내는 것으로 이에 대처하였다. 1753년에 염가인 4책본의 12절판으로 간행된 위의 책은, 물론 다른 판이 이를 보충하여야 하기는 했지만, 흄의 저작으로서는 처음으로 상당한 수가 팔린 판이었는데 이는 사람들로부터 인정을 받았다는 의미이기도 하다. 1758년에는 4절판의 1권본으로 『저작집』이 출판되었다. 이 4절판은 흄이 자신의 철학 및 경제학이 받아야 한다고 자부하고 있었던 지적 존경의 정도를 표현하고 또 투영한 것이다.

출판의 금전적 대가는, 독자에게는 보이지 않는다고 하여도, 저자에 있어서 중요한 사항이었다. 앞서 본 바 있는 셔는 출판업자의 교섭을 통하여 저자들이 대체로 어느 만큼의 보수를 받았는지를 보여 준다. 스코틀랜드 사람으로 최대의 성공을 거둔 것은 역사가 흄과 로버트슨이었다. 두 사람은 저작권에서 이익을 끌어냈다. 흄은 각 판의 권리를 고정된 금액으로 각각 매각하고, 『대 브리튼의 역사(*History of Great Britain*)』 제1권에서 그 제2권으로 이행하던 때(1754년과 1757년)(그림 14)에 출판업자를 변경하는 자유를 손에 넣었다. 모두 합하면, 위의 판과 ―『대 브리튼의 역사』도 같이 넣은 ―『잉

Ireland, and America(2006년)이 있다.

THE

HISTORY

OF

GREAT BRITAIN.

VOL. I.

CONTAINING

The Reigns of JAMES I. AND CHARLES I.

By DAVID HUME, Efq;

EDINBURGH:
Printed by HAMILTON, BALFOUR, and NEILL.

M,DCC,LIV.

(그림 14) 데이비드 흄의 『대 브리튼의 역사』. '제임스 1세와 찰스 1세의 치세'
를 내용으로 하는 제1권의 제목 페이지. 에딘버러에서 「해밀튼, 발포어와 닐」
의 출판사에서 출판되었다(1754년). 흄은 이 책의 이어지는 권들의 출판을 런
던의 스코틀랜드계 출판업자인 「스트래헌과 캐델」 출판사168)로 옮겼다.

---

168) 이들은 앞의 본문 74면 및 152면 등에서도 본 대로, 기번의 『로마제국 쇠망사』
와 스미스의 『국부론』도 출판하였다.

글랜드의 역사(*History of England*)』(1762년)로 흄은 4천 파운드 이상, 보기에 따라서는 5천 파운드 이상을 벌었다.

　로버트슨은 수입을 얻는 것에 대한 흄의 방식을 본받아서 더욱 짭잘한 이익을 얻었다. 각 역사서의 저작권을 「스트래헌과 캐델」 출판사에 미리 매각하는 것으로 제1작인 『스코틀랜드의 역사(*History of Scotland*)』(1759년)는 6백 파운드의 낮은 액수에 머물 수밖에 없었지만, 후속의 『찰스 5세의 역사(*History of Charles V*)』(1769년) 및 『아메리카의 역사(*History of America*)』(1777년)의 4절판으로부터는 각각 1천 파운드 이상을 받았다. 셔의 계산에 의하면, 로버트슨은 그 총액이 지금으로 말하면 70만 파운드에 상당하는 수입을 얻어서, 스코틀랜드의 계몽 저술가 중에서 가장 많이 벌었다.

　다만 역사가만이 수익자이었던 것은 아니다. 애덤 스미스는 경제학으로 일정한 정도의 수입을 얻었다. 스미스는 처음에 저작으로 얻는 수입을 그 출판자인 스트래헌 및 캐델과 나눈다는 다른 종류의 전략을 채용하여서, 그들에게 저작권을 매각한 것(14년 동안에 두 차례 연속으로)은 뒷날에 이르러서이었다. 1776년 『국부론』이 출판된 때로부터 1790년에 그가 사망하는 때까지 스미스는 그 책으로 대체로 1천5백 파운드에서 1천8백 파운드를 벌었다. 프랑스의 저자들도 많은 수입이 있었다. 다작의 볼테르가 가장 많이 벌었는데, 조금 수줍음을 타는 루소에 의하면, 『에밀』 덕분으로 번 6천 리브르로 그 후 4년 동안 생활을 유지하였다고 하므로, 그는 대학교수보다 더 많은 수입을 얻은 셈이 된다.

저술가들은 스스로의 벌이를 생활수준 향상을 위한 것으로만 평가하고 있었던 것은 아니다. 중요한 것은 수입이 동시에 '자립'을 가져왔다는 점이다. 18세기의 문인에 있어서 그것은 개개의 후원자(patron)에의 의존으로부터, 즉 고용된 신분으로부터 자유롭게 되는 것을 의미하였다. 저술업만으로 충분한 생활의 재정적 기틀을 마련할 수 있게 되면, 저술가는 가장 완전한 형태의 자립을 성취한 것이다. 그러한 지위를 얻기 위하여 흄은 어른이 된 후의 인생을 일관하여 분발 노력하고, 『잉글랜드의 역사』의 성공으로 드디어 1760년대에 들어와서 소원을 성취하였다. 또한 루소도 악보의 복사로 수입을 얻어야 했던 시기가 있기는 하였지만, 종내에는 자립에 도달하였다. 계몽을 대표하는 가장 자립적이었던 이들 저술가 두 사람이 매우 악명 높은 말싸움을 벌려야 했다는 사실은 더 이상 없는 아이러니이다. 1766년에 루소는 그를 잉글랜드에 데리고 간 후에 자신에 대하여 음모를 꾸몄다고 해서 흄을 고발하였다. 자신의 독립과 지명도가 서로 관련되어 있음을 깨닫고 있었던 루소는 일반 공중 사이에 불평의 씨앗을 뿌리고 이것을 키워나갔던 것이다. 한편 자립이란 저절로 드러나 밝혀진다고 생각하였던 흄은 그로서는 뜻밖의 공격을 당하였다(적어도 그가 루소를 기독교도라고 간주하기까지는).

그 점은 접어두고, 계몽 저술가의 태반은 저술업을 대학교원이나 의사나 법률가 등 직업 단체의 구성원 자격과 결합시킬 수 있는 자립의 형태에 만족을 느꼈다. 관직을 가지는 것도 '자립'과 양립될 수 있었다. 그것은, 관직이 —프랑스의 관직매매의 제도에서 보듯이— 일종의 재산으로 보유되든 임명되는 것이든, 관직 보유자를 권력자에게 직접 '의존'하게 함이 없이 그 지위를 보전할 수 있었기 때문이다.

교사로서 채용되어 일하는 사람들까지도 1세기 전에는 불가능하였던 방법으로 상대방과 교섭을 할 수 있었다. 그리하여 애덤 스미스는 1764년에 글래스고 대학교 교수의 직을 사임하여 젊은 버클리 공작의 대륙여행에 수행하는 교사가 될 때에 5백 파운드의 연봉뿐만 아니라 3백 파운드의 종신연금을 교섭에 의하여 획득하였다. 이로써 그는 2년 후에 커콜디의 자기 본가로 돌아와서 『국부론』을 쓸 수 있었다. 그 책이 출판된 후 그는 에딘버러의 관세위원(commissioner of customs)이라는 급료가 좋은 공직에의 취임을 수락하는 한편, 두 권의 저서의 신판을 준비하기도 하고 나아가 자립적인 경제정책 고문으로서 대신들의 자문에 응하기도 하였다. 프랑스나 독일, 이탈리아 또는 스페인에 있던 다른 많은 사람들도 이러한 패턴에 크게 벗어나지 않는 여러 가지의 경력을 밟았다. 그러한 문인들에 있어서, 저술주체성과 자립은 서로를 보완하는 것이었다. 이것들은, '권위'를 주고 또 공익에 관한 문제에 관한 논의를 전진시키고 있다는 자신自信을 북돋우며 공중이 그러한 문제에 유의하여 줄 것임에 틀림없다는 확신을 가져다주었다.

18세기의 저술가들은 스스로의 지위를 강화함에 있어서 문예계에서의 몇몇의 새로운 쇄신의 은혜를 받을 수 있었다. 그 하나가 17세기 말의 획기적 사태이었던 서평 잡지이다. 이것은 책의 세계에서 일어난 새로운 양상들에 접근하는 방법을 한꺼번에 바꾸었다. 이 장르의 위대한 개척자는 『문예공화국 통신(Nouvelles de la république des lettres)』(1684년~87년)의 피에르 베일,[169] 『세계 문고(Bibliothèque universelle)』(1686년~93년)의 장 르 클레르크[170]과 그 후계자들, 그리고 라이프치히의 『학식자 보고서(Actu eruditorum)』(1682년부터)[171]의 편집자인 요한 멩케 및 프리드리히 멩케 부자[172]이다. 이들 잡지는 신간을 길게 인용하면서 요약하였다. 뿐만 아니라 서평은 베일이나 르 클레르크의 손으로 행하여지면 논쟁의 도구가 되고 논의를 진전시키는 계기가 되었다. 값싼 12절판으로 출판된 이들 잡지는, 문예 공화국의 구성원들이 결코 손에 들지 않는 또는 읽을 틈이 없는 책이 주장하는 바를 그들이 알게 함과 동시에 그 저술이 누구의 것인가 하는 저술주체성을 확정하도록 하기도 하였다.

이상과 같은 개척자들은 자기 나라에 많은 후계자가 있었다. 그 가운데 가장 일찍 나타난 것 중의 하나가 『이탈리아 문필가 신문(Giornale de letterati d'Italia)』이다. 1675년에 발행되기 시작한 이

---

169) 앞의 주 34 참조.
170) 앞의 주 29 참조.
171) 유럽의 독일어권 나라에서 처음으로 출간된 과학 정기간행물. 1782년까지 1백년 동안 존속하였다.
172) Johann u. Friedrich Mencke, 1674년~1732년 및 1708년~54년.

『문필가 신문』은 여러 번에 걸쳐 복간되면서 로마·파르마·모데나 또 베네치아에서 축차로 간행되다가, 1740년에 이르러 폐간되었다. 그러나 몇 년 후에 피렌체의 『문예 통신(*Novelle letterarie*)』이 이를 계승하였다. 위의 『신문』은 서평은 물론이고 이탈리아의 주요한 문화중심지 전부로부터 가져온 문예 관련의 뉴스를 게재하였다. 잉글랜드에서 이 영역은 『크리티칼 리뷰』 및 『먼스리 리뷰』가 선도하였다. 또한 스코틀랜드에서는 윌리엄 로버트슨과 그의 동료들이 1755년에 최초의 『에딘버러 리뷰』를 제작하였는데, 단지 2호밖에 내지 못하였다(보다 잘 알려진 19세기 초엽의 『에딘버러 리뷰』를 명칭의 점에서만 선도하는 것이었다). 그런데 1756년에 간행된 제2호에는 애덤 스미스에 의한 루소의 『인간 불평등 기원론』에 대한 서평이 실려서, 그 책의 중요성을 독자들에게 어필하였다.

저술주체성을 향상시키는 도구로서는 그 외에 현상 논문이 있다. 현상 논문 콘테스트의 수상자로서 가장 유명한 것은 1750년에 디종의 아카데미가 내건 물음에 응답한 루소이다. 그 물음은 "학문과 예술의 부흥은 도덕의 정화淨化에 기여하였는가?" 하는 것이 그의 「제1논문」의 주제이었다. 루소는 수상하지 못한 사람으로서도 가장 유명하여서, 1754년 불평등의 기원을 묻는 문제가 나온 때에 그의 「제2논문」은 같은 아카데미의 경쟁에서 상을 받지 못하였다. 승리는 그의 명성을 드높이는 데 힘이 되었고, 패배는 그를 계몽 전반을 통하여 단독으로는 가장 중요하다고 말할 수 있을지 모르는 작품 또는 가장 도전적임에 틀림없는 작품의 저자로 키웠다.

그러나 적지 않은 수의 논문 경쟁 대회 중에서 가장 길게 존재감을 발휘한 것은 베를린의 「왕립 예술·과학 아카데미」가 매년 개최하는 행사이었다. 이 대회는 프리드리히 2세가 종신 회장에 임명하여 아카데미의 재건 사업을 맡긴 필로소프인 모페르튀[173]가 발의하였다. 프리드리히 2세의 친 프랑스적 지침에도 불구하고, 위 논문 대회는 독일의 학문적·철학적 풍토에 분명히 큰 자극을 주었다. 가장 독창성이 풍부한 논문 중 2편, 즉 1759년의 미카엘리스[174]와 1771년의 헤르더의 논문은 모두 언어의 기원에 관한 것이다. 이들 논문은 그 필자의 명성에 기여하였을 뿐만 아니라, 그 전에는 오로지 영국과 프랑스의 저술가에 의하여 행하여졌던 언어의 기원에 관한 논쟁을 독일로 끌어왔다. 1763년의 주제는 '형이상학과 비교한 수학의 확실성'이라는 것으로서, 우승은 모제스 멘델스존이, 차점은 이마누엘 칸트에게 돌아갔다.

정부에 의하여 운영되는 공식의 아카데미와 비공식의 자발적인 문예 및 토론 담화회는 모두 그 이외의 어떠한 조직보다도 더욱 문인의 명성과 권위를 확실한 것으로 해 주었다(소수의 예외를 제외하면, 여성은 그러한 조직으로부터 배제되어서, 거기에서 제공되는 여러 가지의 기회

---

173) Pierre Louis Moreau de Maupertuis, 1698년~1759년. 프랑스의 과학자로서 「최소작용의 원리」, 즉 자연에서 물체는 질량, 속도, 거리 등을 최소로 유지하는 방향(예: 빛은 항상 직진한다)으로 작용한다는 원리를 발견하였다.
174) Johann David Michaelis, 1717년~1791년.

를 얻지 못하였다). 앞서 본 베를린의 아카데미와 같이 정부 기관의 일부로 받아들여지든, 에딘버러의 「선량 협회(The Select Society)」[175]와 같이 독립한 자율 단체로 받아들여지든, 어느 쪽이든 상관없이 아카데미나 협회는 아마도 다른 어떠한 조직보다도, 커피하우스까지도 능가하여 남성들의 문예 공공권을 체현하고 있었다고 말할 수 있다. 왜냐하면 그러한 조직이 문인에게 지위를, 책무를, 나아가서 많든 적든 간에 지적 주도권을 줄 수 있는 영역을 마련하여 주었기 때문이다. 프리드리히 2세는 모페르튀를 베를린 아카데미의 회장으로 앉히기는 하였지만, 어려운 일을 담당한 것은 아카데미의 사무국장인 베를린 출생의 위그노인 사무엘 포르마이,[176] 그의 대리로 일하였던 스위스 출신의 요한 베른하르트 메리안,[177] 그리고 스위스계 독일인의 수학자 레온하르트 오일러[178]나 스위스 출신의 언어학자 줄쩌[179] 등의 일반 회원이었다.

이와는 대조적으로, 화가 앨런 램지[180]의 발안에 의한 에딘버러의 「선량 협회」는 완전히 자립적이었다. 1754년에 설립된 그 협회는 흄, 로버트슨, 스미스와 같은 에딘버러의 주된 문인을, 그들의 벗

---

175) 1754년에 에딘버러에서 처음에 The St. Giles Society라는 이름으로 만들어진 지식인들의 클럽. 곧바로 이름을 바꾸었다.
176) Jean Henri Samuel Formey, 1711년~97년.
177) Johann Bernhard Merian, 1723년~1807년. 스위스의 철학자로 앞의 주 99 및 그 본문에서 본 프로이센의 「과학 아카데미」의 언어학 부문 책임자이기도 하였다.
178) Leonhard Euler, 1707년~83년.
179) Johann Georg Sulzer, 1720년~79년.
180) Allan Ramsay, 1713년~84년.

이었던 지주 계층 및 법조 엘리트의 소수와 함께 창립회원으로 맞아 들였다. 이 협회에서 논제를 설정함에 있어서는 계시 종교나 재커바 이트주의[181]를 피하여야 한다는 규칙이 애초부터 합의되어 있었다. 그리고 협회의 회의록에 의하면, 사회적 그리고 경제적 '개량(im-provement)'에 널리 관련이 있는 논제가 선택되어야 했다.

회원 자격을 관리하는 권위 있는 기구가 존재하지 않았다는 사실에는 위험이 따랐다. 협회 가입에의 요구가 격하여져서, 1750년대 말에는 회원 수가 100명을 넘었다. 흄은 회원 수가 너무 많아지면 문인 조직으로서의 설립 목적이 훼손될 수 있다고 두려움을 표시하였는데, 실제로 이 협회는 10년을 버티지 못하였다. 그렇지만 선량 협회는 스코틀랜드 계몽을 이룩하는 문인들이 주장하는 권위를 상징화함에 의하여 에딘버러 기타 스코틀랜드의 다른 장소에서 개량을 지향하는 새로운 유사 조직이 만들어지는 것을 재촉하였다. (그림 15)

아카데미 가운데는 문인의 지휘·감독을 받기에는 너무 경직하게 만들어진 것 또는 국왕이나 군주의 궁정과 지나치게 긴밀한 관계를 맺고 있는 것 역시 존재하였다. 그처럼 과도하게 긴밀한 관계의 예로는 사보이의 지배자 비토리오 아메데오 3세[182]가 과학적 전문

---

181) 재커바이트주의(Jacobitism)는 스튜어트 왕가의 사람이 영국의 왕이 되어야 한다고 주장하는 17세기 및 18세기의 운동을 가리킨다. 그 이름은 제임스(James)의 라틴어에 해당하는 야코부스(Jacobus)에 유래하는데, 스튜어트 왕가로서 영국의 왕이 된 사람들은 제임스 1세 등으로 「제임스」의 이름으로 그렇게 되었던 것이다.

182) Vittorio Amedeo III di Savoia, 1726년~96년. 1773년부터 죽을 때까지 사보

KAY. feet 1790.

His Majestys Historiographer

(그림 15) '국왕 폐하의 역사편찬관'(1790년). 존 케이
가 그린 윌리엄 로버트슨. 로버트슨은 문인, 역사가, 스
코틀랜드 교회의 총회 의장, 에딘버러대학교 총장, '에딘
버러 선량 협회'의 창설회원으로서, 스코틀랜드 계몽의
지적인 진지성과 사회적 세련됨을 대변하고 있다.

지식을 정부가 이용할 수 있도록 한다는 명확한 목적 아래 1783년 토리노에 설립한 과학 아카데미를 들 수 있다.

　이미 확실하게 뿌리를 내리고 있는 것으로는 파리의 각 왕립 아카데미, 즉 아카데미 프랑세즈, 비문碑文 아카데미[183] 및 과학 아카데미, 그리고 프랑스의 여러 주에 존재한 더욱 수가 많은 여러 아카데미를 들 수 있다. 살롱과 마찬가지로, 이들 아카데미는 17세기에까지 소급할 수 있는 긴 역사를 가지고 있었다. 이는 파리의 아카데미도, 지방의 아카데미도 모두 앙시앙 레짐의 사회 구조와 굳게 결합되어 있음을 의미하였다. 설사 그렇기는 하더라도, 필로소프가 파리의 아카데미에 점차로 받아들여지기에 이른 것은 지적·문예적 생활에서의 그들의 탁월성이 승인되었기 때문이다. 파리의 싸구려 저술 문인들이 비난하는 바와 같이, 아카데미 회원의 지위에까지 오르는 것은 자칫하면 필로소프의 자립에 상처를 주는 것인지도 모른다. 그런데 그것은 동시에 필로소프가 스스로의 저술을 통하여 획득한 지위가 인정된 것이기도 하였다. 지방에 눈을 돌리면, 여러 아카데미가 느리기는 하지만 개량으로 향하는 지침을 채용하기까지 하였고, 예술과 학문의 결합을 재촉함과 동시에 농업의 혁신을 장려하기

─────────────

이왕국의 왕이었다.

183) 1816년에 새로 불리게 된 「비문 및 문자 아카데미(Académie des Inscrip-tions et belles-lettres)」가 정식 이름. 1663년에 루이 14세 시절에 콜베르에 의하여 「작은 아카데미(La Petete Académie)」라는 이름으로 창설되었고, 1795년에 「프랑스 학사원(Institut de France)」에 속하게 되었다. 주로 기념비를 포함하여 비석 그리고 메달 등을 수집하여 보존하고 그에 새겨진 문자를 해독·해석하는 작업을 수행한다.

도 하였던 것이다.

계몽과 정부와 공중

볼테르와 달랑베르가 프리드리히 2세에게, 디드로가 에카테리나 2세에게 그리하였던 것과 같이, 약간의 필로소프는 유럽에서 가장 '계몽된' 지배자와 직접적이고 개인적으로 접촉하고 있었음은 잘 알려져 있었다. 볼테르는 포츠담에서 3년을 지냈는데, 그가 자신에게 받을 만하다고 생각한 만큼의 존경을 프리드리히로부터 받지 못하였다. 디드로는 상트 페테르부르그로 가는 상당히 긴 여행을 하였으며, 그곳에서 여제女帝와 환담하였는데, 귀족 대책에 관하여 그녀에게 조언하였을 것이라고 한다. 왕의 서열로서는 비교적 아래쪽에 위치하였던 나폴리의 페르디난드 4세, 그리고 부군에 비하여 더욱 지적인 합스부르크가 출신의 왕비 마리아 카롤리나는 일시적이기는 하였지만 경제학자 페르디난도 갈리아니[184]를 애호하였다. 그들은, 파리에서 기지機智로써 살롱의 총아가 되었던 그라면, 그곳에서의 외교관 자리로부터 면하여져서 귀국하여야 하게 된 다음에도 역시 그 유능함을 발휘하도록 격려하였던 것이다. 물론 위와 같은 예들, 그리고 다른 예들에서도 명백한 것은, 위정자를 즐겁게 하고 아

184) 앞의 주 16 및 130 참조.

부의 말을 늘어놓음과 동시에 때로는 자신의 경험에서 보면 별로 인연이 없는 정치적·사회적인 여러 문제에 대하여도 조언을 한다는 것이야말로 이들 철학자의 역할이었다는 점이다(러시아에서의 디드로의 경우가 바로 그러하였다).

우리가 계몽과 정부의 관계를 평가하려고 하는 경우에 훨씬 중요한 항목은 정부 고관이나 관리들을 교육하는 것이었다. 이러한 교육에는 대학 교육과 같은 공식적인 것과 성인이 되어서부터 읽게 되는 잡지나 지침서나 논문을 통한 생애에 걸친 것의 둘이 포함된다. 관헌 또는 통치 계급을 양성하는 대학 제도 중에서 가장 좋은 예는 프로테스탄트가 뿌리 깊은 독일 북부의 그것이다. 결정적인 혁신은 새로 만들어진 프로이센의 할레 대학교에서 생겨났다. 그곳에서는 루터파 신앙 내부의 강력한 경건주의의 자극을 받아 일련의 복잡한 지적 반응이 일어나게 되었다. 그 중에서도 크리스티안 토마지우스가 가르치는 푸펜도르프가 해석한 내용의 자연법과 그 이상으로 형이상학적인 크리스티안 볼프의 어프로치 사이의 대립이 가장 풍부한 결실을 가져왔다. 공무원이 되기 위한 준비 학업으로서 왕권이 선호한 것은 물론 절대 왕권 아래서의 관용과 사교적 매너를 가르치는 토마지우스의 세속 철학에 기한 프로그램 쪽이었다. 동프로이센에서는 쾨니히스베르크 대학교가 마찬가지의 기능을 하였다.

프로이센 밖에서는 하노버 왕국의 괴팅겐 대학교기 핵심적으로 중요한 대학이 되었다. 대 브리튼의 국왕이 하노버의 지배자이기도 하였다는 사정에도 영향을 받아서, 괴팅겐 대학교는 지역적 압력을 벗어나 카톨릭의 바이에른으로부터 프로테스탄트의 (그러나 머나먼) 트랜실바니아에까지 미치는 독일 본토 및 전 독일어권으로부터 학생이 모여 들었다. '국가 이성'의 독일판인 관방학을 보다 근대적인 '국가학(Staatswissenschaft)'으로 변용시킴에 있어서 주도적인 역할을 담당한 것은 괴팅겐의 교수들이었다. 그들은 새로운 형식을 채택한 단계적 보편사를 독일에서 주도적으로 주창하기도 하였다. 이 대학교를 떠난 후에도, 이미 관료가 되어 있었던 왕년의 학생들은 1739년에 창간된 『괴팅겐 학술 잡지(*Göttingische Anzeigen von gelehrten Sachen*)』나 1730년 창간의 『함부르크 비당파 통신원 신문 (*Zeitung des Hamburgischen unpartheyschen Correspondenten*)』으로 대표되는 일련의 고급 잡지를 읽음으로써 지적 내지는 기술적인 사항에 관하여 항상 최신의 정보를 얻을 수 있었다.

18세기 전반에 마찬가지로 발본적인 개혁을 경험한 다른 대학 제도로서는 '리젠트(regents)' 즉 지도교사(튜터)에 의한 종합 지도제를 폐지하고 전문적인 여러 학문 강좌를 설치한 스코틀랜드의 그것을 들 수 있다. 글라스고우를 선두로 하여 에딘버러, 애버딘의 두 컬리지, 그리고 마지막으로 세인트 앤드류스가 이를 채택하였다. 이들 강좌는 점차로 스코틀랜드 계몽[185)]의 지도적 인물들이 차지하게 되

185) Scottish Enlightenment. 18세기부터 19세기 초엽까지 스코틀랜드에서 일어난 지적·과학적 성취를 일컫는 이름. 본문에서도 언급된 지식인들의 클럽이나 정기간 행물은 물론이고, 스코틀랜드의 5개 대학교(St. Andrews, Glasgow, Edinburgh,

었는데, 예외는 흄으로서 그는 대학의 자리를 가지지 않았다. 연합 왕국 전체를 조감하면, 이들 대학이 교육한 것은 중앙 정부가 아니라 전문직에 뜻을 둔 젊은이들이었다고 말할 수 있다. 런던에 집중되어 있는 중앙 정부는 개혁에 진척이 없는 옥스포드나 캠브리지로부터 계속적으로 새로운 인재를 모으고 있었던 것이다. 물론 스코틀랜드에서 교육을 받았다고 해서 그들 전문직업인이 스코틀랜드 안에서의 일상적인 관리 업무에만 종사하고 있었던 것은 아니다. 균형이 맞지 않을 만큼 많은 사람이 북아메리카의 영국령 식민지 또는 동인도회사에서 직장을 발견할 수 있었다.

개혁을 거의 받아들이려고 하지 않았던 것은 이탈리아나 이베리아반도의 여러 대학교 및 칼리지이었다. 그러나 이들에서까지 특정 지역에서는 개혁을 이끄는 힘이 생겨났다. 롬바르디아에서는 베카리아가 자신의 저서 『범죄와 형벌』(1764년)의 출판에 이어서 경제학의 강의를 시작하였고, 후에는 오스트리아 정부의 관리가 되었다. 이러한 관리의 길은 경제학자인 피에트로 베리[186]도 밟아갔다. 나폴리 대학교에서는 1754년 안토니오 제노베지가 담당하게 된 상공

King's College 그리고 Marischal College)가 그 기반이 되었다. 인문주의와 합리주의, 나아가 경험주의에 입각하여 진리·이성·실제적 이익 등의 가치를 주장하면서, 철학, 경제학, 공학, 의학, 각종의 자연과학 등을 발전시켰다. 그 영향은 스코틀랜드를 훨씬 뛰어넘어 유럽 전체, 나아가 전세계에 미쳤다. 이에 참여한 대표적인 사람으로는 로버트 번즈, 애덤 퍼거슨, 데이비드 흄, 프랜시스 허치슨, 토마스 리드, 애덤 스미스 등이 있다.
186) 앞의 주 133 및 그 본문 참조.

업론 강좌가 토스카나의 농업 감독관이었던 그의 벗 바르톨로메오 인티에리[187]에 의하여 신설되었다. 그때까지는 신학과 철학의 강좌를 담당하고 있었던 제노베지는 보다 근대적이고 유용한 학문으로서의 경제학을 나폴리 왕국의 '향학심 있는 젊은이'들에게 가르치는 것을 스스로의 의무로 삼았던 것이다.

경제학은 스페인 및 포르투갈에서 행정담당관에 대한 교육의 일부가 되기도 하였다. 이는 그들이 고국에 머무는 경우에도, 아메리카 대륙으로 건너간 경우에도 마찬가지였다. 이탈리아 사람 무라토리[188]가 내건 '공적인 행복(public happiness)'이라는 이상에 격려를 받은 제로니모 데 우츠타리츠,[189] 안토니오 데 울로아[190] 그리고 페드로 데 캄포마네스[191]는 스페인 군주정의 시정방침을 정함에 있어서 그 중심에 경제학을 자리잡게 하였다. 한편 그 제국에서 더욱 중요한 일은, 18세기가 끝날 무렵까지 장래의 아르헨티나 장군 마누엘 벨그라노[192]와 같은 크레올 인(스페인령 아메리카에서 태어난 식민지 사람)은 스페인에서 (민법의) 교육을 받은 후 상급 행정관의 신분으로 식민지로 귀환할 수 있게 되었다는 것이다. 위의 벨그라노의 경우는

---

187) Bartolomeo Intieri, 1678년~1757년.
188) Lodovico Antonio Muratori, 1672년~1750년. 신약성서의 여러 편의 목록을 담은 85줄의 문서 파편인 7세기 작성의 「무라토리 단편(the Muratorian Fragment)」의 발견자이기도 하다.
189) Gerónimo de Uztáriz, 1670년~1732년.
190) Antonio de Ulloa y la Torre-Girault, 1716년~95년.
191) Pedro de Campomanes, 1723년~1802년.
192) Manuel Belgrano, 1770년~1820년.

부에노스 아이레스에 있는 「콘술라도(Consulado)」, 즉 해사법원海事
法院의 사무관이 그것이다. 포르투갈, 그리고 그 주요한 식민지인
브라질에 있어서는 고등 교육기관이 본국의 코임브라에 단 하나
있었을 뿐이었다. 그러나 그것은 1772년에 제국 관료의 교육 기관
을 마련한다는 특별한 목적 아래 폼발[193]의 손으로 개혁되었다. 아
메리카의 식민지에서도 학교 교육은 『멕시코 문예 신문(Gazeta de
Leteratura de México)』과 같은 문학과 과학을 주로 다루는 정기 간행
물을 갖춘 활기찬 지방 문화에 의하여 계속적으로 최신의 지식으로
보충될 수 있었다.

계몽의 지적인 주요 주장을 옹호한 사람들의 정치적 공헌은 통
치 계급의 교육에 한정되지 않았다. 보다 근본적으로, 그들 계몽의
신봉자는 철학자 및 문인과 권력자와의 관계로부터 기대할 수 있는
사항까지도 변화시키려고 하였다. 군주에 부속된 고문관顧問官이라
는 전통적이고 인문주의적인 역할에 만족할 수 없었던 그들은 이제
자신들을 '공중'의 대변자로서, '여론(public opinion)'의 형성자로서
등장시키려고 하였다. 그것은 단지 야심에서 나온 것이 아니라, 명
확한 권리 의식에 좇은 것이었다. '사회의 진보'에 관한 이해를 전진
시킨 저술가 그리고 철학자로서 계몽의 제창자들은 공중의 의견을
선도하는 지적인 권위를 갖추었다고 자부하였다.

---

193) Sebastião José de Carvalho e Melo, Marquês de Pombal e Conde de
Oeiras, 1699년~1782년.

그 전제는 '여론'은 근대 정치의 열쇠라고 하는 확신, 점점 커지는 그 확신이었다. 흄은 가장 초기의 논고 중 하나인「통치의 제1원리들에 대하여(Of the first principles of government)」에서 바로 이 점을 지적하고 있다.

철학자의 눈을 가지고 인간의 일들을 고찰하는 사람에 있어서, 다수가 소수에 의하여 그렇게도 간단히 통치되고 있다는 사실만큼, 또 사람들이 자신의 감정이나 열정을 지배자를 위하여 맹목적으로 굽히고 있다는 사실만큼 놀라움을 느끼게 하는 것은 없다. 이러한 일이 어떻게 해서 일어나게 되었는가를 알아보려 한다면, 힘은 항상 통치를 받은 사람 편에 있고, 따라서 통치자는 여론 이외의 다른 무엇에 의하여서도 자신을 뒷받침하고 있지 않다는 것을 알게 될 것이다. 그러므로 여론이야말로 통치의 기초이다. 이 원리는 가장 자유롭고 가장 민주적인 정치체제뿐만이 아니라 가장 전제적이고 가장 군사적인 그것에도 타당하다.

이것과 같은 초기의 다른 논고에서 흄은 잉글랜드 명물인 '출판의 자유'가 낳은 여러 결과에 대하여 낙관하고 있다. 또한 공채公債에 관하여 한없이 번져가는 공포가 후년의 그를 이 자유에 대하여 어느만큼 비판적인 태도를 취하게 하였지만, 문제는 여전히 주도적인 여론에 있었다.

프랑스에서는 잉글랜드의 '자유'와 브리튼 정부에 있어서의 '여론'의 지나치고 불안정한 힘에 대한 비판적 견해가 널리 퍼져 있었다. 그곳에서는 절대 왕정의 주창자들이 옛부터의 정통성을 유지하고자 노력하였다. 국사, 특히 왕실 재정은 '국가 이성'의 일부로서, 이것을 공개적이 되어서는 안 되는 것이었다. 그러나 앙시엥 레짐 내부의 긴장이 높아져서 결국 인쇄물에 오를 정도가 됨에 따라, 그 문제성을 부정하려는 전통적인 입장은 유지될 수 없었다. '여론'은 엄연히 존재하고 있었고, 이제 관리되지 않으면 안 되었다.

이미 제3장에서 본 대로, 구르네 서클194)의 경제학자들은 이 점을 처음으로 꿰뚫어 본 사람에 속한다. 상업 및 재정 정책에 관한 공공의 논쟁에 가능한 한 더욱 질이 좋은 정보를 제공하기 위하여 그들은 일련의 경제에 관한 저작을 차근차근 출판하였다. 스위스인 은행가 자크 네케르195)는 후년에 더욱 나아가서, 1781년에 그가 출판한 왕국 재정의 「회계 보고(Compte rendu)」는 수만 부가 팔렸다. 그 때쯤이 되면, 레이날 신부196)와 루이-세바스티안 메르시에197)를 포함하여 보다 급진적인 사상가들이 여론에 '법정'으로서의 지위를 부여하고, 이를 명확하게 왕권과 대치시켰다. 1780년경까지 '여론'을

---

194) 앞의 주 121 및 그 본문 참조.
195) Jacques Necker, 1732년~1804년. 제네바의 은행가이면서 정치가. 루이 16세 아래서 재무상을 지냈다. 작가 드 스탈 부인(Madame de Staël)의 아버지이다. 그의 부인은 유명한 살롱의 주재자이었다.
196) 앞의 주 110 및 그 본문 참조.
197) Louis-Sébastian Mercier, 1740년~1814년. 소설·희곡을 포함하여 많은 저술을 남겼다.

차지하기 위한 싸움은 프랑스 정치의 핵심을 차지하게 되었다.

그러나 새로운 정략으로서의 여론을 가장 급진적으로 지지한 것은 나폴리 사람들이라고 할 수 있을 것이다. 안토니오 제노베지는 군주에 의지함이 없이 공공선公共善의 촉진에 노력함으로써 도덕적·경제적 리더십을 발휘하라고 '향학심 있는 젊은이들'에게 호소하는 것을 통하여 이러한 노선에 앞장섰다. 그렇지만 이러한 사상의 전면적 전개는 다음 세대의 나폴리 계몽개혁자들의 지도자이었던『입법의 과학(Scientia della legislazione)』(1780년~85년)의 저자 가에타노 필란제리[198]가 행하였다. 필란제리는 입법은 변화의 수단이어야 한다는 몽테스키외의 주장을 급진화하였고, 이로써 그는 모든 법을 여론의 '법정'으로부터 도출하려고 하였다. 이를 뒤집으면, 여론은 자신의 처지를 자유로운 출판의 마당에서 주장함으로써만 튼튼한 발판을 기초로 할 수 있다. 자유 언론만이 주권이 "계속적으로, 그리고 진정으로 인민에게" 머무를 수 있도록 보장하여 준다. 따라서 통치자는 인민 의지의 표현으로서의 여론의 '찬반 투표'를 통해서 통치하여야 한다.

이와 같은 여론에의 호소의 핵심은, 그것이 현실적으로 ─적어도 나폴리왕국 안에서는─ 필란제리가 상상하였던 대로 실제로 존재한다는 데 있는 것이 아니다. 그 핵심은 철학자들이 제창하고 구체화하는 것을 바라는 여론의 정치적 힘으로서의 가능성이다. 여기

---

198) Gaetano Filangieri, 1752년~88년.

에서도 그들의 사상은 독자적인 지적 기반을 손에 넣고 있었던 것이다. 계몽철학자는 스스로를 플라톤이 그려내고 있는 바의 철인왕哲人王, 무엇이 정의인가를 정하고 그것을 자신이 속하는 공동체에 적용하려고 하는 철인왕으로 여기지 않았다. 흄이나 구르네, 그리고 필란제리는 그보다도 오히려 공론에 호소하였는데, 그것은 분명히 그들이 근대의 경제 사회가 정치 행동에 대하여 과하고 있던 여러 가지의 제약을 이해하고 있었기 때문이다. 상업 경제란 무엇을 팔 것인지의 결단을 거대한 개인들의 집합체 자체가 내리는 경제 형태로서, 결단의 수가 너무 많은 탓으로 정부는 유효하게 제어할 수 없다. 애덤 스미스가 시장 개입에 소극적이어야 한다고 정부에 요청한 것은 그가 단지 또는 주로 국가의 야망을 두려워하고 있었기 때문이 아니었다. 동시에 그는 그러한 개입의 거의 전부가 무익함을 알고 있었던 것이다. 예로부터의 '국가 이성'이 하여야 한다고 가르쳐 온 사항을 실행하는 능력을 정부는 전혀 가지고 있지 못하였다. 철학자가 전하고 또 지도하는 방법으로 '여론'을 강화하는 것이 정부의 야망을 억제할 가능성이 가장 컸다.

정부 쪽에서 개혁할 것이 전혀 없었다고 말하는 것이 아니다. 상업은 여전히 커다란 장애에 직면하고 있었다. 흄이나 스미스, 그리고 필란제리가 다 같이 인정하는 대로, 그 중에서도 토지의 '봉건제', 그리고 이에 의하여 필연적으로 초래되는 인적인 의존관계(personal dependence)가 최대의 장애이었다. 이 제도를 무너뜨리는 것이 스코틀랜드에서부터 나폴리에 이르기까지 근대 정부에 있어서의 최우선 과제이어야 했다. 입법과 아울러, 농업 개량에 찬성하도록 여론을 계발할 필요도 있었다.

스코틀랜드에서는 그러한 개량을 기획하기에 절호의 기회가 1745년에 일어난 최후의 재커바이트 반란[199]이 진압된 후에 찾아왔다. 18세기 후반의 스코틀랜드 고지 지방에는 농지 관리나 도시 설계, 환경 개선용의 실험 시설이 만들어졌다. 같은 시기에 스코틀랜드 저지 지방의 농업은 더욱 극적으로 그 모습이 변화되어서, 애덤 스미스의 제자이었던 버클루 공작과 같은 대지주는 극히 성공적인 농업자본가로 변신하였다. 1723년의 「농업지식 개량자 협회」에서 시작하여 1750년대에는 일련의 농업개량협회가 모범을 보였는데, 이들은 「선량 협회」의 보조 조직으로서의 「기예·과학 및 수공업 장려 협회」, 그리고 「애버딘 철학 협회」로부터 파생한 「고든 밀 농업 동호회」로 이어졌다.

이러한 단체들은 지상에서의 인간의 처지를 개선하는 데 기여할 것을 공언하였다. 18세기 후반 동안에 이들은 유럽 각국으로 퍼져 나갔다. 스페인에서는 1765년에 바스크 지방의 아츠코이티아 및 베르가라 마을의 유력 가문에 의하여 창립된 「왕립 바스크 국민의 벗 협회」가 최초이었다. 1770년부터 1820년에 걸쳐서 70개의 유사한 협회가 스페인 반도에서, 14개가 스페인령 아메리카에서 설립되었

---

199) 앞의 주 181에서 살펴본 재커바이트들이 일으킨 반란.

다. 합스부르크령 보헤미아에서는 귀족과 아카데미와 관리가 일치 협력하여 1770년에 「경작 및 자유기예 협회」를 설립하였는데, 이는 1780년대에 「애국 농업 협회」로 이름을 바꾸었다.

나폴리와 같이 여전히 군주가 신하가 자립적인 주도성을 발휘하는 것을 기피하여 신경을 곤두세우는 곳에서는, 개혁자의 소집단이 비공식적으로 지방 도시에서 회합하여 각자의 지역을 개선할 방책을 논의하였다. 포지아의 주제페 마리아 갈란티,[200] 테라모의 멜키오레 델피코,[201] 그리고 레체의 주제페 팔미에리[202]는 모두 농업 사정에 관한 자신의 저술을 그들에 공감하는 그 지방의 엘리트 단체의 활성화에 연결지었다. 제노베지의 추종자들, 그리고 필란제리와 같은 시대의 사람들은 정부의 관할 밖에 있는 자발적인 대변기관을 가지는 정도까지 자신들의 활동 범위를 넓히려고 하였다. 그들은 계몽 철학자들이 정부에 대하여 필요한 개혁을 실행하도록, 그리고 근대의 상업 사회는 쉽사리 생각대로 제어하고 이용할 수 있는 것이 아님을 인정하도록 설득하기 위하여 '여론'을 동원하는 과정에서 염두에 두고 있던 바를 구체적으로 동원하였다. 그것은 근대적 정부란 스스로의 한계를 자각하는 정부로서, 사정을 잘 아는 공론(informed public opinion)의 법정에서의 싸움에 적극적으로 임하려고 하며, 또

---

200) Giuseppe Maria Galanti, 1743년~1806년.
201) Melchiorre Delfico, 1744년~1835년.
202) Giuseppe Palmieri, 1721년~93년.

한 거기에서의 결론적 판단을 자진해서 받아들이려고까지 하는 존재라는 것이었다.

계몽과 혁명

많은 역사가에 있어서는 계몽을 둘러싼 문제 중에서 마지막에 남겨진 것이 가장 중요할 것이다. 즉 계몽은 혁명에 대하여 어떠한 관계에 있는가 하는 문제이다. 1776년부터 88년에 걸쳐 일어난 아메리카혁명에 관하여 이를 물을 수도 있다. 미국의 역사가 대부분은 일정한 관련이 있음을 오늘날에도 인정할 것이다. 그러나 이 물음이 가장 박력 있게 제기되는 것은 1789년에 프랑스에서 시작하여 1799년의 나폴레옹에 의한 쿠데타로 정점에 달한 저 혁명에 있어서이다. 1790년대 내내 그것은 네덜란드로부터 나폴리에 이르기까지 유럽 전역에서 다른 혁명을 고취하든가 불을 붙이든가 하였다. 프랑스혁명과 같이 공격적으로 또 폭력적으로 이데올로기적인 혁명이라고 한다면, 계몽에 어느 만큼 빚진 게 있음에 틀림없다고 대부분의 역사가는 생각할 것이다.

계몽과 혁명 사이에 남녀를 불문하고 인물의 연속성, 그리고 사상의 연속성이 존재한다는 것은 부정될 수 없다. 스스로 혁명에 몸을 던진 필로소프의 젊은 세대로서 가장 유명한 인물로는 콩도르세

백작(1743년~94년)이 있다. 그는 수학자이면서 사회과학자이고 또한 역사철학이었다. 저서인 『인간 정신 진보의 역사적 소묘(*Esquisse d'un tableau historique des progrès de l'esprit humain*)』(영어 번역으로는 *The Sketch*)는 그 죽은 다음 1797년에 출판되었다.

역사철학을 혁명 참가에 결합시킨 인물로서는 그 외에 『정치논집(*Saggi Politi*)』(1783년~85년)의 저자 프란체스코 마리오 파가노[203]가 있다. 단명으로 끝난 1799년 나폴리공화국의 헌법을 기초한 파가노는 그 후 넬슨 제독의 도움에 의한 부르봉조 부흥에 따르는 반동의 소용돌이 속에서 처형되었다. 나폴리공화국의 '희생자'에는 포르투갈에서 추방된 귀부인으로서 혁명파 신문의 편집자이었던 엘레오노라 폰세카 피멘텔[204]도 있었다.

메리 울스톤크래프트[205]도 역시 혁명에의 공감을 숨기지 않았으나, 그녀가 대의를 위하여 죽어야만 할 필요는 없었다. 그녀는 『여성 권리의 옹호(*A Vindication of the Rights of Women*)』를 1792년에 출판하고 얼마 되지 않아 그녀는 혁명을 직접 견문하기 위하여 파리를 방문하였다.

사상 차원에서의 연속성은 혁명파가 몽테스키외나 루소의 저작을 줄기차게 끌어들였다는 사실로 증명되었다. 혁명기 정치사상

---

203) Francesco Mario Pagano, 1748년~99년.
204) Eleonora Fonseca Pimentel(결혼 전의 이름은 Leonor da Fonseca Pimentel Chaves), 1752년~1799년. 이탈리아의 시인으로 단명의 나폴리공화국에서 활약하였다.
205) 바로 뒤의 『여성 권리의 옹호』를 포함하여 앞의 주 155 참조.

의 가장 중요한 저작인 시에예스 신부의 『제3신분이란 무엇인가? (*Qu'est-ce que le tiers état?*)』(1789년)은 이들 두 사람과의 대화를 통하여 쓰여진 것이다. 이러한 착상의 원천에 혁명파가 덧붙인 것은 후기 계몽에 유래하는 새로운 생각이었는데, 그 가장 유명한 예는 남성 및 여성의 인권이라는 개념이다. 또한 경제학도 계몽에 있어서와 같은 정도로 혁명에 있어서 중요하였다. 경제학은 계몽의 과업이기도 하였던 만큼 줄이어 탄생한 혁명 정권이 국가 채무의 관리에 많은 애를 쓰는 과정을 통하여 혁명의 과업이기도 하였던 것이다.

그러나 연속성이 있다는 것만으로 혁명이 계몽의 산물이 되지는 않는다. 그 역이야말로 타당하다. 계몽의 정치에 대하여 이 책에서 이미 설명한 대로, 혁명은 계몽의 안티테제이었다. 정부에 간접적이고 억제적인 영향을 미치려고 한 계몽철학자들이 사정을 잘 아는 여론에 역점을 둔 반면에, 혁명파는 직접의 행동을 통하여 앙시엥 레짐을 뒤엎는 데 전념하였다. 바꾸어 말하면, 혁명이란 계몽에 있어서의 '사회의 진보'의 개념이 그려내는 비인격적이고 점진적인 변화의 과정에 대하여 정치적 의사결정기관이 행한 복수이었다. 혁명을 이와 같이 파악하는 것은 서적이 혁명의 대의의 바탕 중 하나라고 가정하는 것과 결코 모순되지 않는다. 다만 철학자의 논고만이 혁명에서 의미 있는 간행물인 것은 아니었고, 궁정의 성적·도덕적 부패를 드러내려고 하는 음란서적에 가까운 소설도 그만큼 의미가 있었다. 로버트 단턴의 유력한 견해에 의하면, 『철학자 테레즈

(*Thérèse philosophe*)』나 『듀 바리 부인의 일화(*Anecdotes sur Mme du Barry*)』[206]와 같은 작품이 그러하여서, 이들은 수입이 적고 급진화한 젊은 저자들에 의한 공격적인 공중 상대의 저작들과 결합하여 프랑스 군주정의 위신에 커다란 손실을 미쳤다. 그들이 묘사한 바는 거리의 소문이 되어 파괴적 영향력을 가지고 확산되었던 것이다.

어떤 역사가들은, 혁명은 초기에는 계몽의 이념과 일체화할 수 있었다고 보고, 그 이념이 포기되었던 공포정치의 시대와 구별하고자 도모하였다. 그러나 사상과 행동을 그와 같이 면밀하게 대응시키려고 하는 시도는 바로 좌절한다. 프랑스혁명은 누구도 경험한 일이 없는 예상 밖의 정치 과정이었고, 그것에 참여한 사람들을 통째로 삼켜서 모습을 변하게 만들었다. 혁명의 지도자들은 대체로 젊고, 프랑스에서도 그 밖의 다른 곳에서도 1789년 이전에 지적으로 또는 정치적으로 저명하게 될 수 있을 만큼의 시간을 가질 수 있었던 사람은 수적으로 적었다. 콩도르세나 파가노와 같이 비교적 나이가 든 세대로서 혁명에 몸을 던진 사람은 각자의 선택에 기하여 그렇게 하였다. 파가노와 마찬가지로 개혁을 주장한 갈란티와 같이, 저술에서 앙시엥 레짐을 비판하였다는 점에서는 뒤질 것이 없으나 혁명에는 가담하지 아니하고 방관의 태도를 택한 사람들도 있었다.

혁명이 막바지에 들어간 때, 즉 19세기 초엽을 맞이하는 때쯤에

---

206) 전자는 1748년에 출판된 소설인데 그 저자에 대하여는 정설이 없다. 후자는 1775년에 출판된, 루이 15세의 정부였던 듀 바리 백작부인의 일화를 모았다는 소책자로서, 그 저자는 Mathieu Pidansat de Mairobert로 알려져 있다.

는 어떠한 지적 관심은 물론 남아 있었으나 혁명의 정치적 문맥과 강령은 이미 변질되어 있었다. 사정을 잘 아는 여론을 조성함으로써 악질의 또는 자의적恣意的인 정부가 견제를 받고 재교육될 것이라는 철학자들의 자신自信은 사라졌다. 그리고 근대 정치가 직면하고 있는 중대 문제는 이제 민주주의에 대한 것이었다. 즉 민주주의의 사회적 기반은 무엇인가, 국민 주권은 어디까지 미칠 수 있는가, 그리고 국민 주권은 어떠한 방법으로 대표되는가 등이 그것이다. 이들 물음에 대한 답을 점점 속도를 빨리 하여 일어나는 경제의 변모와 양립할 수 있는 내용으로 발견한다는 문제야말로 19세기 및 그 후의 시기에 걸쳐서 보수파, 리버럴파, 사회주의 사상가들의 마음을 사로잡았다. 이는 이미 계몽의 주목을 받는 문제들이 아니었다.

프랑스혁명 후 계몽의 특징을 이루는 선구적 성질 중 어떤 것들이 다시 살아나서 전진을 이룩하였음은 사실이다. 그 중 하나인 농업 개량 협회는 헝가리 및 남부 이탈리아로부터 아일랜드에 이르기까지 유럽 전역에서 출현하였고, 나아가서는 스페인령 아메리카에서도 넓은 범위에서 보급되었다. 토지 보유를 둘러싼 계몽적 발상, 특히 소작지의 '노예적' 보유상태의 해소가 바람직하다는 발상도 역시 유럽 및 해외 제국帝國에서의 정책 입안에 침투하였다. 예를 들면, 19세기 초엽의 인도에서 영국 사람들이 실시한 농지 개혁은 스코틀랜드 사람 경제학자의 주장에 의지하는 바가 많았다고 말하여지고 있다.

그러나 계몽의 선구성 내지 주도성이라고 간주될 수 있었던 특성이 다시 살아났다고 하여도, 그것이 그들이 18세기의 선구자들과 연속적이기만 한 것을 의미하지는 않는다. 그 특성들은 프랑스혁명과 그에 이어지는 사건들을 거쳐 정치적 틀이 변용을 받은 세계에서 다시 살아난 것이기 때문이다. 이후 계몽의 영향은 혁명의 열매와 분리될 수 없게 되었다. 따라서 동시대인, 특히 혁명과 그 귀결을 증오하는 사람들이 이들 둘을 구별할 수 없었다고 하더라도 하등 불가사의한 것은 아니다. 반反필로소프는, 1789년 이전의 수십년 동안 철학이 종교 및 사회적 계층제도에 대하여 승리를 거두었다는 사실이야말로 혁명의 기원이었다고 보고, 혁명 자체가 철학자들의 음모이었다고 주장하였다. 그러나 뒤의 19세기 및 20세기의 계몽 비판은 또 다른 파악에 바탕하고 있었는데, 이 점에 대하여는 제5장에서 간략하게 고찰하기로 한다. 이 책이 지금까지 주로 다루어 온 계몽, 즉 지적 탐구와 '공중'과의 자각적인 협업을 도모한 18세기적인 운동으로서의 계몽은 이와 같이 하여 끝이 난 것이다.

제 5 장
철학과 역사 속의 계몽

2010년대를 맞이하는 지금 계몽사가啓蒙史家들은 "왜 계몽이 여전히 문제인가"를 독자에게 설명하는 것을 당연하다고 여긴다. 역사가의 대부분은 과거는 현재에 대하여 일정한 관계를 가지고 있다고 생각하고 있고, 또 자신들의 연구 주제는 틀림없이 중요하다고 믿는데, 그들은 통상 이 점을 독자에게 분명하게 전할 필요는 없다고 느끼고 있다. 근자의 계몽사가가 오히려 예외인 것이다.

이에 대하여 이 책은 그러한 계몽에의 접근 방식에 한 발짝 거리를 두어서, 계몽의 역사적 재구성에 주력하여 왔다. 나는 계몽사상 및 계몽사상가를 그들의 시대인 18세기에 어울리는 용어로 묘사하려고 하였다. 이를 위하여 계몽기의 철학자 또는 역사가가 17세기의 선구자들의 생각이나 주장과 얽혀 있다고 인정하지 않을 수 없는 경우에는 그들의 독창성을, 즉 그들의 사상의 새로움이란 어떠한 점에 있는가, 철학자의 공공적 역할이라는 그들의 개념의 새로움이란 무엇이었는가를 동시에 파악하여 제시하려고 하였다. 그런데 나에게는 계몽이 여전히 우리들 자신의 시대와 연관성이 있다고 하는 주장을 역설하려는 생각은 별로 없다.

그렇다고 하여도 계몽의 유산이 18세기 이래 오늘날에 이르기까지 논의의 대상이 되어 왔음은 부정할 수 없다. 독자에게 "왜 계몽이 여전히 문제인가"를 전하는 데 열심인 역사가들은, 계몽의 업적을 폄하하거나 심지어는 뒤엎으려고 하는 종전부터 있어 온 시도라고 그들이 믿어온 일정한 흐름에 대하여 응답하고 있는 것이다. 나아가서 그 논쟁의 소용돌이에는 역사가와 함께 철학자도 끼어들어 있다는 사실이 양상을 복잡하게 하여 왔다.

계몽의 유산을 둘러싼 논의는 철학자의 '포스트모더니즘' 비평에 대항하여 역사가가 계몽의 '근대성'을 옹호한다는, 주의主義 대 주의의 대립의 방향으로 점점 더 향하여 간 것으로 보인다. 철학자는 역사를 잘 이해하지 아니한 채로 어떤 현상을 계속적으로 비판하여 왔고, 따라서 이 현상이 가지는 현대와의 관련성을 제대로 파악하지 못하였다는 것이다. 그런데 이 책이 행한 계몽에 관한 설명을 바탕으로 한다면, 그와 같이 주장하는 것은 철학자에 대하여 공정하지 못한 태도라고 말할 수 있을 것이다. 제1장에서 본 대로, 뤼미에르와 아우프클레룽과 계몽은 역사가가 다루어 재구성하기 이전부터 존재하였던, 철학자 자신의 개념이었기 때문이다. 따라서 이 마지막 장에서는 철학자의 계몽을 다시 살펴봄으로써 계몽의 유산이 논의의 대상이 되기에 이른 이유를 보다 면밀하게 이해하여 보고자 한다.

철학자의 계몽

'계몽'이 '철학'과 관련을 맺은 최초의 단계에서는 계몽은 철학적 원리들의 단일 체계에 묶여 있지 않았다. 모든 지식은 감각에 유래하는 것으로 이해되어야 한다는 달랑베르의 주장과 칸트의 비판 철학은 근본적으로 다른 체계이었다. 도덕 철학에 있어서도 마찬가지로 커다란 차이가 존재하여서, 토마지우스의 자연법은 흄이나 스미스에 의한 도덕감정의 설명과도, 또한 보편적으로 적용가능한 칸트 식의 '정언명법'의 이성적 주의주의主意主義(rational voluntarism)와도 구별되었다.

'철학'은 전적으로 지적인 의미로서만 이해되지도 아니하였다. 반反필로소프는 자신의 적, 즉 필로소프를 철학적 원리들뿐만 아니라 그들의 사고 스타일과 역할 이해를 들어 제대로 파악하였다. 그 철학이 어떠하였든, 필로소프 파에 속한다고 자임한 사람들은 지식을 공중에게 보급하고 또 그것을 인류의 복리를 위하여 사용하도록 하는 것을 목표로 삼았다. 그럼에도 불구하고 혁명 전 그리고 그 후의 반필로소프에 의한 공격은 계몽을 철학과 동일시하는 사고를 굳히는 데 일조하였다.

그러나 장기적으로 보면, 반필로소프는 표적을 잘못 잡았다. 계몽과 동일시될 수 있을 만한 것은 백과전서파의 철학이 아니라 칸트의 철학이었던 것이다. 독일의 여러 대학에 자신의 철학을 퍼뜨리고자 한 칸트 자신의 집요한 노력은 물론이고, 동시에 철학사를 그의 철학을 대체할 만한 것들을 축출하는 내용으로 집필하도록 권유한 결과로 칸트의 철학은 유럽의 독일어권 지역에서 지배적인 지위를 획득하였다. 그 결과로 인간 지성에서는 이성이 맨 앞자리를 차지한다는 그의 입론과 도덕적 판단을 위하여는 보편적 기초가 필요하다는 주장이 계몽에 있어서 불가결한 철학 원리로서 받아들여졌다. 그러므로 정의상定義上 칸트철학을 비판하는 것은 계몽을 비판하는 것이기도 하였다.

19세기 초엽에 이르러 이러한 결합 관계를 처음으로 제시한 것은 헤겔이었다. 그리고 그를 추종하는 관념론자들이 19세기 후반과 그 후의 시대로 그 생각을 이어갔다. 헤겔학파의 철학자들은 칸트학파의 계몽철학은 추상적이고 정적이어서 역사의 전진 운동을 파악할 수 없다고 보았고, 그 역사적 의미를 평가절하하였다. 활력을 잃은 진보 개념만을 갖춘 계몽은 18세기에 시작되어 19세기에 정점을 맞은 위대한 경제적·사회적·정치적 변혁에 스스로의 사상을 통합시키지 못하였다. 오로지 헤겔파의 역사주의만이 그러한 종합을 달성할 수 있으며, 역사의 목적, 그 종언을 파악할 수 있다는 것이다.

그러나 철학으로서의 계몽에 대한 비판이 본격화한 것은 20세기에 들어와서부터이었다. 이때에는 계몽철학에서 역사주의가 충분하지 못하였음은 비난의 대상이 되지 않았으며, 오히려 그 지나침이 비판을 받았다. 인류에게 혜택이 되도록 지식을 재편성하려는 야심을 품음으로써 계몽은 테크놀로지와 정치의 양쪽에서 지배의 새로운 수단을 만들어냈고, 자본주의 아래서 질이 나빠진 대중 문화는 이미 그것을 거부할 수 없게 되었다. 이것이야말로 가장 난해하기는 하여도 가장 유명함에 틀림없는 계몽 비판, 1944년에 독일어의 초판이 나온 테오도르 아도르노[207]와 막스 호르크하이머[208]의 저서 『계몽의 변증법(Dialektik der Aufklärung)』이 주장하는 바이었다. 이들 저자 두 사람은 사회철학자이고 프랑크푸르트 학파의 창시자이며, 전쟁 중에 미국으로 망명하였다. 계몽사상이 고전고대의 그리스의 연장선에 서 있음을 강조한 그들은, 계몽이 리버럴리즘이 안고 있는 모순을 극복할 수 없었음으로 인하여 본래라면 맞서 싸워야 할 파시즘 및 반유태주의가 뻗어나가는 것을 오히려 뒷받침하여 주고 말았다고 보았다.

---

207) Theodor W. Adorno, 1903년~69년. 「프랑크푸르트 학파」의 대표자의 한 사람.
208) Max Horkheimer, 1895년~1973년. 아도르노와 함께 「프랑크푸르트 학파」의 대표자의 한 사람.

제2차 세계대전 후 이 비판에 다른 요소가 덧붙여졌다. 그 하나는 독일의 역사학자 라인하르트 코젤렉[209]이 『비판과 위기(*Kritik und Krise*)』(초판 1959년)에서 제시하였다. 전쟁 전에 활약한 법철학자 칼 슈미트가 제창한 홉스적 주권국가의 분석에 의지하면서, 그의 비판은 절대군주정에 대한 계몽의 응답이 불충분하였다는 점에 향하여졌다. 정치로부터 엄격하게 격리된 도덕철학을 추구하는 것, 그리고 프리메이슨의 비밀 의식에서야말로 계몽의 사회성(sociability)의 원형을 발견하는 것을 통하여 계몽의 지지자들은 시민들 사이의 평화의 필요조건인 국가의 권위를 오히려 허물어뜨렸다고 코젤렉은 주장하였다.

거의 같은 시기에 아이자이어 벌린[210]이 '반反계몽(Counter-Enlightenment)'의 논리를 구상함으로써 계몽의 이성주의理性主義 또는 보편주의의 타당성에 의문을 제기하기 시작하였다. 그 제창자인 비코와 헤르더는 윤리적이고 또한 문화적인 다원주의의 옹호자로 그려진다. 벌린은 자신을 사상사가思想史家라고 여기고 있었는데, 그에 있어서 반계몽은 의도적으로 역사적 문맥으로부터 사상捨象되었

---

209) Reinhart Koselleck, 1923년~2006년. 우리나라에는 그가 편집한 『개념사 사전』이 20권 가까이 번역되어 있다.

210) Isaiah Berlin, 1909년~97년. 벌린의 반계몽에 관한 글들은 그의 사후인 2000년에 『계몽에 대한 3인의 비판: 비코, 하만 헤르더(*Three Critics of the Enlightenment: Vico, Hamann, Herder*)』로 출판되었는데, 이 책에는 『비코와 헤르더』(1796년)와 『북방의 현자(*The Magus of the North: J. G. Hamann and the Origins of Modern Irrationalism*)』(1990년)가 수록되어 있다. 벌린에 대하여는 앞의 주 89도 참조.

다. 그가 표적으로 삼은 것은 계몽에 들러붙는 철학적 외관으로서, 그것으로 말미암아서 우리 지식의 진실성 그리고 우리 가치의 보편성이 지나치게 주장되고 있다고 그는 생각하였다.

'포스트모더니즘'이라고 알려진 지적·문화적 운동의 두드러진 특징의 하나인 계몽 비판이 집중적으로 행하여진 것은 1970년대와 80년대이다. 포스트모더니즘은 통일적인 운동과는 거리가 멀었고, 실제로 통일성이라는 특징은 전혀 없었다. 계몽에 대한 비판에서도 이 점은 다름이 없었다. 가장 초기이면서 가장 영향력이 있는 그 주창자는 프랑스의 철학자 미셸 푸코[211]이었다. 『언어와 사물(Les mots et les choses)』(1966년 출판, 1970년에 영역본 출간)에서, 18세기에 주체로 등장한 '인간'은 사상의 '고고학적' 차원에서의 제멋대로인 변동의 산물에 불과하다고 주장하고, 인간 본성을 계몽의 도덕적·사회적·경제적 탐구의 안정적 기점에 놓고자 하는 전제를 뿌리에서부터 뒤흔들었다. '인간'이라는 새로운 초점을 낳은 영예를 계몽사상가에게 돌릴 수는 없다는 것이다. 그 후에 나온 『감시와 처벌(Surveiller et punir)』(1975년)에서는 범죄와 형벌에 관한 18세기 사상의 핵심에 권위주의를 발견함으로써 계몽에는 권위주의가 숨겨져 있다고 했던 아도르노와 호르크하이머의 고발을 다시 살려냈다.

얼마 되지 않아서 영어권의 철학자가 그에 가담하였다. 카톨릭이지만 한때는 마르크스주의 철학자이기도 하였던 앨러스데어 매

---

211) Michel Foucault(원래의 이름은 Paul-Michel Foucault), 1926년~84년.

킨타이어[212]는『미덕 없는 시대(*After Virtue*)』(1981년)[213]에서, 자립
적이고 합리적인 윤리적 정당화 근거의 제공을 목적으로 한 고유의
'계몽 프로젝트'의 존재를 밝혀냈다고 주장하였다. 매킨타이어는
이 프로젝트는 사람을 홀리는 것이라고 생각하였다. 윤리는 형이상
학적 기초를 요구하는데, 역사가 제공하는 그 기초 중에서는 토마스
주의[214]가 여전히 최고의 설득력을 가진다고 한다. 이와는 대조적
으로 리차드 로티[215]는, 지식 또는 윤리는 우리가 진실이라고 부를
수 있는 기초를 가진다는 가정假定에 대하여 종교적 신조는 물론이
고 형이상학 자체가 완전히 자취를 감추었다고 비판한다. 로티는
『철학, 그리고 자연의 거울(*Philosophy and the Mirror of Nature*)』
(1979년)에서, 마음은 자연을 반영 또는 표상하기 때문에야말로 진
실을 확립할 수 있다고 하는 입장을 철저하게 해체하였다. 로티는
비트겐슈타인의 철학을 더욱 밀고 나가서, 우리에게 그나마 가능한
것은 외계의 사물을 서술하기 위하여, 그리고 도덕률을 우리 자신에
대하여 지시하기 위하여, 언어를 사용하는 것 정도라고 한다. 이러

---

212) Alasdair MacIntyre, 1929년~ .
213) 우리나라에는 알래스데어 매킨타이어,『덕의 상실』(이진우 역, 1997년. 개정
    판, 2021년)이라는 이름으로 번역서가 출간되어 있다.
214) 토마스주의(Thomism)는 중세의 철학자·신학자인 토마스 아퀴나스(Thomas
    Aquinas, 1225년~74년)의 사상에 따르는 사조를 말한다. 철학에서 토마스 아퀴
    나스는 아리스토텔레스에 대한 해석론이 가장 잘 알려져 있다.
215) Richard McKay Rorty, 1931년~2007년. 우리나라에는『우연성, 아이러니, 연
    대』(김동식·이유선 역, 2020년)가 번역·출간되어 있다. 로티의 철학에 대한 해
    설서도 여러 권 나와 있다.

한 언어는 다수 존재하므로 우리는 그 가운데에서 선택을 행하고, 스스로가 택한 신조에 따를 뿐이다. 진실의 지식과 윤리를 위한 보편적이고 합리적인 준칙을 발견할 수 있다는 계몽의 신념, 특히 칸트의 신념은 잘못 되었다는 것이다.

계몽을 향한 이러한 철학적 비판의 누적 작용은 설득력 있는 계몽 옹호론이 충분히 존재하지 않았기 때문에 확실히 강화되었다고 할 수 있다. 계몽에 호의적인 해설서로서 가장 많이 참조되는 저작은 에른스트 카시러[216]의 『계몽의 철학(Die Philosophie der Aufklärung)』이다. 이 책은 카시러가 잉글랜드, 스웨덴, 미국으로 망명을 떠나기 전의 1932년에 독일에서 출판되었다. 그는 신칸트파에 속하는 사람으로서, 계몽철학을 칸트 이전에 자리잡게 하였음에도 불구하고, 계몽을 뒷받침하는 원리는 '이성의 자율'에 있다고 본다. 그는 그 후 나치스로부터 도망간 유태인 망명자의 몸이 되었는데, 그러한 그의 계몽철학 해설에는 경의가 표시되어 마땅하다고 생각하는 사람이 있을지도 모른다. 그러나 실제는 그렇지 않았다. 카시러는 1929년 다보스에서 있었던 하이데거와 유명한 대결에서 열세이었다고 당시 대부분의 사람은 생각하였다. 하이데거는 나치당과의 관련 등에도 불구하고 로티와 같은 후기 비트겐슈타인학파의 사람들에게는 상당한 관심의 인물이었다. 아이자이어 벌린조차도 카시러에게 비

---

216) Ernst Cassirer, 1874년~1945년. 우리나라에는 『상징형식의 철학』, 전 3권을 비롯하여 그의 많은 저술이 번역·출간되어 있고, 그의 사상에 대한 해설서도 적지 않다.

판적이었다. 벌린은『계몽의 철학』의 1951년 번역판에 대한 서평에서, 그 저자가 나중에 계몽철학을 둘러싸고 벌어진 논란들이나 전복적인 세력들을 알지 못하는 것을 보면 "티없이 순진하다"라고 평하였던 것이다.

역사학자들의 응답

제2차 세계대전 후 설득력 있는 철학적인 계몽 옹호론이 없던 중에 역사학자들이 계몽의 대의大義를 위하여 떨쳐나섰다. 그것은 20세기의 전율을 겪고 난 후에는 18세기의 계몽이 유럽의 보다 좋은 과거를 대변하였기 때문이었을지도 모른다. 그러나 역사학자들은 대체로 철학자만큼 명확하지는 않았지만 역시 그들 나름의 방법론적인 시각이 있었다. 1950년대에서 60년대에 걸쳐서 유럽의 많은 계몽사가들은 베버파이든 마르스크파이든 일종의 근대화 이론을 받아들였다. 그들은 세속화와 경제 발전이라는 쌍둥이 작용을 계몽과 결부시켰고, 계몽은 그 사상과 정치적 지향에 있어서 '근대적'이라고 일반적으로 생각하였다.

계몽을 '근대성'과 결부시키려고 하는 경향은 1989년 이후 점점 현저하게 되었다. 3개의 사정이 이를 설명한다. 첫째, 베를린 장벽의 붕괴, 즉 진보적 좌파 사상의 방법론적 바탕틀이었던 마르크스주의의 신빙성이 무너졌다. 둘째, 정치적 힘으로서 또한 세속적 가치에 대한 명확한 도전으로서 종교가 부활하였다. 셋째는, 포스트모더니즘인데, 이것에 바탕하여 많은 역사학자들은 진실이 쉽사리 상대화된다고 여기게 되었다.

이러한 발전 양상에 대응하여, 역사학자들은 하버마스가 그리움을 담아 묘사한 18세기 '공공권'(그의 책은 형편에 맞게 1989년에 영역되었다)으로부터 영감을 얻었다. 하버마스의 이 저서를 1960년대의 착상으로 본다면 그의 작업은 후기 자본주의의 산물에 다름아닌 현대 대중문화에 향하여진 프랑크푸르트 학파의 비판에 새롭게 부가된 공헌이었다. 그러나 칸트의 '공공' 개념에 의거한 '공공권'이라는 개념은 칸트 이전의 보다 좋은 근대성 모델로서의 계몽에 암암리에 동정적이었다. 1990년대의 역사학자들은 이 점이 마음에 들었다. 그들은 계몽의 성격을 마르크스주의 이후의 것이면서도 '근대적'이고, 또한 지적 운동이면서도 동시에 사회적 운동으로서의 계몽에 대한 근자의 연구 경향과도 부합하는 것으로서 규정짓는 것을 환영하였다.

2000년 이후 계몽을 '근대성(Modernity)'과 동일시하는 것은 역사학자들 사이에서 거의 상식적인 일이 되었고(그리고 대문자 M이 점차로 일반화되었다), 그들 중 많은 사람이 포스트모더니즘적인 철학 비판을 정면으로 논박하였다. 이 방향에 있어서 조너던 이스라엘[217]보다 더 적극적인 사람은 없었다. 그는 근대 초기의 네덜란드의 포괄적 역사를 저술하는 과정에서 경제사로부터 사상사로 전환하였다.

『급진적 계몽 — 철학과 근대성의 형성 1650년~1750년(*Radical Enlightenment: Philosophy and the Making of Modernity 1650-1750)*』 (2001년)으로 시작하는 일련의 저서에서 그는 계몽의 세속주의를 찬미하였을 뿐만 아니라, 역사학자로서는 드물게도, 계몽을 특정한 철학과 연결시켰다. 즉 진정한 '급진적' 계몽은 스피노자의 일원론적 형이상학에 필연적으로 그 근거를 두게 된다는 것이다. 그는, 관용·민주주의·인권 그리고 남녀평등이라는 '근대적' 가치를 옹호하는 18세기의 논의는 예외 없이 특정한 유물론적 철학체계에 근거하고 있는 것으로 생각된다고 주장한다. 고전적 마르크스주의의 전성기 이래 역사학자가 이만큼의 자신을 가지고 철학자가 그 위에 서 있는 기반에 대하여 도전을 시도한 일은 없었다.

이와 필적할 만큼 대담무쌍하지는 않는다고 하더라도, 계몽은 "여전히 문제된다"는 앤소니 패그던[218]의 확신은 계몽과 '근대 세계'와의 —앞서 본 이스라엘에 매우 흡사한— 동일시에 기한 것이다. 그도 역시 철학자들, 특히 매킨타이어에 도전을 하려는 자세를 취하고 있다. 역사학자들 중에는 '근대성'을 세계 규모로, 예를 들면 19세기의 중국이나 일본에까지 확장하는 것으로 문제의 해결을 꾀

---

217) Jonathan Israel, 1946년~ . 앞의 주 22 참조.
218) Anthony Pagden, 1945년~ . 캘리포니아 대학교 LA분교의 정치학 및 역사학 교수.

하는 것은 단지 이 개념의 정의 부여와 분류를 자신들만의 일로 삼고자 하는 역사학자의 요구를 더욱 부풀린 것에 불과하다.

역사적 견지에서 본 계몽

계몽을 옹호하고자 하는 역사학자의 의지는 철학자로부터의 집요한 비판에 향하여진 건전한 형평추로 기능하여 왔다. 그러나 역사학자가 철학자의 비판을 또는 자신의 '근대성' 옹호론이 은연중에 담고 있는 의미를 항상 적절하게 이해하여 왔다고는 단언할 수 없다. 우선 철학자의 비판은 역사학자가 생각하고 있는 정도로 일면적이기만 한 것은 아니었다. 푸코는 그 사망의 1년 전인 1983년에 "계몽이란 무엇인가?"의 문제를 다시 다루었다. 푸코도 인정하는 대로, 계몽이야말로 '근대'에 특징적인 '태도'인 한에는, 이것은 근대 철학이 피해갈 수 없는 물음이었다. 그러나 계몽은 동시에 '하나의 사건 또는 복수의 사건들 그리고 복잡한 연속적인 역사적 과정의 묶음으로서, 유럽 사회의 발전 중의 어떤 특정한 시점에 위치를 잡게 된다.' 그러한 이상에는 계몽은 '인문주의적' 인간 개념의 재출현과 동일한 것으로 취급되어서는 안 된다고 그는 주장한다. 계몽의 포괄적인 이성주의(rationalism)는 역시 필요하기는 하지만, 그렇다고 해도 비판이라는 칸트적 이념은 권위에 도전하려고 하는 개인의 의지로서 이를 이해하는 한 상처를 받지는 않는다. 그것은 마치 칸트적 아나키즘으로 이해될 여지가 있는 계몽이었을 수도 있지만, 역시 그것은 한때 푸코가 부정하였다고 여겨지는 의사결정주체(agency)로서의 가능성, 즉 시간 속에서의 역동적 작용을 위한 여지를 제공하였던 것이다.

로티의 근자의 논고 「계몽과 포스트모더니즘의 연속성(The continuity between Enlightenment and postmodernism)」(2001년) 역시 타협적이다. 철학에서 기초주의[219]에 대한 비판은 '포스트모더니즘적'인 비판이라고 하기보다도, 인간의 활동에 작용하는 신의 기본적 역할에 대한 계몽 자체에 의한 비판의 연장선상에 있는 것이었다. 어쨌거나 계몽적 이성주의를 동원하지 아니하더라도 그것이 계몽의 정치학에 부정적인 귀결을 가져오지는 않는다. 잔혹함을 줄이고 자유를 향상시킨다고 하는 목표는, 이성주의적(칸트주의적) 유토피아론자가 상정하였던 만큼 급속하게 또는 포괄적으로 실현되지는 아니한다고 하더라도, 여전히 유효한 것이다.

한편 포스트모더니즘과 관계를 맺지 않는 다른 철학자들은 비판자의 주장에 응답하면서 계몽옹호론을 주장하여 왔다. 하버마스는 '공공권' 개념에 관하여 칸트에 의거하고 있음에도 불구하고, 그가 '주체중심적(subject-centered) 이성'에서 '의사소통적 이성'으로 갈

---

219) foundationalism. 지식을 얻기 위하여는 정당화되는 궁극적 기초가 불가결하게 있어야 한다고 보고 그 실현을 구하려고 하는 입장.

아탄 것은, 로티가 지적하는 대로, 그가 도덕이란 언어 속에서 구성되는 것이라고 생각하는 사람들에게 접근하였음을 의미심장하게도 말하여 준다. 북아메리카 칸트학파도, 하버드대학교는 별개라고 하지만 시카고 대학교에서는 '비기초주의적(non-foundational)' 칸트주의의 가능성을 구상하고, 그에의 접근을 시도하였다. 사뮤엘 플라이새커[220]는 이러한 견지에 서서 칸트의 "계몽이란 무엇인가?"의 물음을 해석하고, 그것을 견해의 다양성이 적극적으로 인정되는 비판적 공공적 논의에의 초대장으로 간주하였다.

철학자 사이의 논쟁에는 비칸트학파도 기여하기 시작하였다. 쥬느비에브 로이드[221]는, 디드로로부터 애덤 스미스에 이르는 많은 계몽사상가가 이성의 힘 이상으로 상상력의 힘에 관심을 가지고 있었다는 점을 명확하게 제시하였다. 여기에 덧붙여 그녀는, 한나 아렌트에 좇으면서, "칸트의 세계시민 구상까지도 '방문하러 간다'는 상상력을 요구하였다"라고 말한다. 더욱 세밀하게 그녀는, 칸트 철학에 있어서 최고도로 도전적인 점은 그 철학의 장래에의 지향이라는 것을 은연중에 지적한다. 우리는 계몽을, 한 번 그 계시를 받기만 하면 결코 가려질 수 없는 빛으로서가 아니라, 18세기로부터 앞쪽으로 그림자를 던지는 순간적인 번쩍임으로 이해하여야 할 것이라고 그녀는 은유를 섞어서 주장한다. 그 그림자 안에 자신을 둠으로써 우

---

220) Samuel Fleischacker, 시카고에 있는 일리노이 대학교의 철학교수. 1989년에 예일 대학교에서 박사학위를 취득하였다.
221) Genevieve Lloyd, 1941년~ . 호주의 여성 철학자로서 페미니스트.

리는 계몽이 그 미래가 어떻게 되어 왔는지를 되새겨볼 수 있다.

따라서 계몽을 둘러싼 철학자의 논쟁에는 계몽의 '근대성'에 대한 역사학자의 일면적 단정에 의하여 허용되는 것 이상이 존재한다. 이 책의 또는 이 책 저자의 수비범위 안에서 계몽에 대한 이들 두 개의 접근법을 화해시키려고 하지는 않는다. 그러나 서로에 대한 경의에 의하여 더욱 전진할 수 있는 여지는 확실히 존재한다. 칸트 이외에도 연구하여야 할 계몽이 있음을 보다 많은 철학자가 인식하였을 수도 있다. 또 '근대성'이라는 개념은 리버럴한 여러 가치와 인간의 복지와만 결합하는 것이 아니며, 철학자는 이 개념을 훨씬 애매하게 또 다른 입장을 품은 채로 사용하여 왔음을 더욱 많은 역사학자들이 인식하는지도 모른다.

이것들과는 별개로, 계몽에 대한 사상사적 접근법, 즉 이 책이 채용한 접근법이 제공할 수 있는 바가 있다고 한다면, 그것은 역사적 관점이다. 나는 이미 뤼미에르 또는 아우프클레룽이라는 18세기적 개념 중에 '철학'이 모습을 드러내고 있었음을 주장하였다. 거의 모든 장소에서, 그러니까 프랑스에서도, 독일에서도, 스코틀랜드에서도, 이탈리아에서도 철학은 계몽저술가들이 표명한 관심이나 그가 내놓은 저작에서 현저하게 나타나고 있었다. 후년의 철학자들이 계몽의 유산을 해석하는 것에 관심을 끈질기게 품고 있었음은 별로 놀랄 만한 일이 아니었다고 하더라도, 그렇다고 해서 우리가 양자 사이에 연속성을 가정하여도 좋다고는 말할 수 없다. 18세기 철학의 언어와 화법은 다양하고, 그 후 그것들은 계몽에 초점을 맞춘 한 권의 역사 따위로는 쉽사리 포괄될 수 없을 만큼 다양한 방식으로 적응 또는 개변되어 갔기 때문이다.

또한 '근대'라는 이념이 18세기의 사상가들의 관심을 끌었던 것도 앞에서 이미 확인된 바이다. 그들은 자신을 '고대인'과 대치되는 '근대인'이라고 보았고, 근대 유럽이 왜 고대와 다른가, 또 왜 중요한 여러 점에 있어서 고대 이상으로 발전되어 있는가를 문제로 삼았다. 지치지 않고 추론을 앞으로 밀고 나간 그들은 왜 근대 유럽 세계는 유럽인이 신세계에서 맞닥뜨린, 가난하고 겉보기에 소박한 사람들과 비교하여 훨씬 진보하고 있었는가 또는 크게 '문명화'되어 있었는가도 문제로 하였다.

다만 계몽사상가의 거의 전부가 의식하고 있던 대로, 근대 유럽인은 문명화가 늦었다고 여겨지는 사람과 별로 다르지 않게 잔혹하게 행위한 일도 있다. 또한 유럽인의 '진보'는 그 외의 사람의 후진성을 발판으로 하였을 가능성이 있었다는 것은 더욱 좋지 않은 점이었다. 계몽사상가들은 '근대적'이라는 것은 곧 타협하는 것임을 이미 알고 있었다. 이 세계에 사는 모든 사람의 물질적 처지의 개선은 추구할 만한 목표라는 확신을 그들은 가지고 있었을 것이다. 그러나 루소의 『인간 불평등 기원론』은 그들에게 거기에는 불평등과 도덕적 타협의 두 관점에서 치러야만 하는 비용이 있음을 인식하여야 한다는 점을 상기시켰다.

나아가 철학뿐만 아니라 경제학에 있어서도 계몽시대는 21세기 초엽과는 한참 거리를 두고 있었다. 두 시대 사이에는 프랑스혁명이, 19세기의 내셔널리즘과 국민국가의 발흥이, 20세기의 두 번에 걸친 세계대전과 홀로코스트가, 또한 '사회주의'의 의미를 둘러싸고 그 세기의 중반에 일어난 운명적이었던 이데올로기적 양극화가 가로놓여 있다. 그 사이에 철학과 마찬가지로 경제학, 각종의 사회과학, 정치학의 연구는 그 모습이 변하여 갔고, 대학은 과학적 논의의 심판자 그리고 직접·간접을 불문하고 정책적 조언자로서의 역할을 확립하였다. 한편으로 공론은 철학자와 문인들의 후견이라는 역할을 오랫동안 더 이상 하지 않았다. 현대의 민주주의와 전제專制는 18세기에는 생각도 하지 못할 만큼의 경제적·사회적·정치적인 도전들, 나아가 이제는 또한 환경으로부터의 도전에 직면하게 되었다.

　그러므로 이처럼 상당한 거리를 확보하고 있는 우리로서는 계몽이 여전히 문제라고 스스로 다짐하여야 할 필요는 없을 것이다. 그러나 상상력을 발휘하여 계몽사상가들의 개념 언어를 재구성하는 것만으로, 그들이 맞닥뜨렸던 문제들을 인지하는 것만으로, 나아가 이들 문제에 대한 그들의 응답의 독창성을 정당하게 평가하는 것만으로, 우리는 자기 자신의 사고를 보다 풍부하게 함과 동시에, 인간의 모든 적극적 활동을 이해하는 방법이 얼마나 다양한가를 보다 깊이 깨달을 수 있다. 이는 사상사가들이 탐구하는 과거의 현재성, 즉 과거가 오늘날 가질 수 있는 의미와는 다르며, 그것은 우리가 현재 사용하고 있는 것과는 다른 용어법에 의하여 어떻게 문제들이 정식화定式化되고, 처리되고, 개념화되었는가를 이해하려는 도전에 다름 아니다.

계몽사상에서 특히 흥미로운 점은 내세와는 무관하게 이 세계를 변화시키려고 하는 지향, 그리고 '진보'를 구성하는 것이 무엇인가에 대하여 사고하려는 의지이다. 계몽의 세계와 21세기의 우리 세계 사이에는 너무나도 많은 인간의 재앙들이 가로놓여 있다는 바로 그 이유로 해서, 진보를 도모하려는 그리고 인간의 처지 개선을 도모하려는 계몽의 의욕은 우리의 이해력에 대한 도전이 될 수도 있는 것이다. 이제 계몽은 우리의 머리 위로 그림자를 드리우는 것밖에 할 수 없다고 하더라도, 이는 여전히 열심히 연구되고 이해될 만한 가치가 있고, 또 그 지적 업적과의 격투도 계속될 만한 가치가 있다.

감사의 말

나는 에이비 리프쉬츠와 브라이언 영, 그리고 옥스퍼드 대학교 출판부의 이름 모를 두 명의 열독자에게 완성된 초고를 모두 읽고 적절한 제의를 풍부하게 해 준 데 대하여 깊이 감사드린다. 마찬가지로 맥신 버그, 드미트리 레비틴과 새러 모티머에게도 개별의 장들에 대하여 건설적인 비판(이는 그 장들을 훨씬 좋아지게 하였다)을 하여 준 것에 감사드린다. 또한 나는 실비아 세바스티아니, 그리고 파리에 있는 「사회과학 고등연구소」의 그녀의 동료들에게, 그리고 캠브리지대학교의 동료들 및 철학 전공 석사과정 학생들에게 많은 빚을 지고 있다. 그 학교에서 이 책의 착상들 중 다수가 토론을 통하여 테스트를 받았다. 포 오벨은 도판에 사용된 도화 등을 확인함에 있어서 귀중한 도움을 받았다. 마지막으로, 그리고 언제나와 같이, 내 가족의 도움에 감사한다. 가장 최근에 그 구성원이 된 이에게 이 책을 헌정한다.

참고 문헌

Chapter 2: Engaging with religion

David Hume, *The Natural History of Religion*, critical edition by T. L. Beauchamp (Oxford, 2007), p. 35.

Voltaire, *Treatise on Toleration*, ed. Simon Harvey (Cambridge, 2000), p. 25.

Edward Gibbon, *The Decline and Fall of the Roman Empire*, ed. David Womersley (London, 1995) vol. 1, ch. 15, p. 447; vol. 3, ch. 50, note 114, p. 192.

Chapter 3: Bettering the human condition

Adam Smith, *The Theory of Moral Sentiments*, ed. D. D. Raphael and A. L. Macfie (Oxford, 1976; Indianapolis, 1984), pp. 50, 61, 184-5.

Samuel Pufendorf, *On the Duty of Man and Citizen*, ed. J. Tully (Cambridge, 1991), pp. 118-19.

John Locke, *Two Treatises of Government*, ed. P. Laslett (Cambridge, 1960, 1988), pp. 319, 354, 315.

David Hume, *A Treatise of Human Nature*, ed. P. H. Nidditch (Oxford, 1978), book 3, part 3, section 5, p. 615.

David Hume, *Essays, Moral, Political, and Literary*, ed. E. F. Miller

(Indianapolis, 1985), pp. 629, 331, 263.

Jean-Jacques Rousseau, *The Discourses and Other Early Political Writings*, transl. and ed. V. Gourevitch (Cambridge, 1997), pp. 170, 187.

Adam Smith, *The Wealth of Nations*, ed. R. H. Campbell and A. S. Skinner (Oxford, 1976; Indianapolis, 1982), p. 540.

Chapter 4: Enlightening the public

Hume, *Essays*, p. 32.

Gaetano Filangieri, *Scienza della legislazione*, ed. V. Ferrone, A. Trampus, et al. (Venice, 2003-4). For 'public opinion', book 1, ch. 7.

Chapter 5: The Enlightenment in philosophy and history

Isaiah Berlin, 'Review of Cassirer, *The Philosophy of the Enlightenment*', *English Historical Review*, 68 (1953).

Lichel Foucault, 'What is Enlightenment?' (1983), *The Foucault Reader*, ed. Paul Rabinow (London, 1991), p. 43.

앞으로 읽어볼 만한 자료

일반적 입문

뛰어난 입문으로서 최신 자료를 갖추고 있으면서 자신의 주장도 포함하는 것으로 Dan Edelstein, *The Enlightenment: A Genealogy* (Chicago, 2010). 좋은 일반적 연구로, Dorinda Outram, *The Enlightenment* (Cambridge, 제3판, 2013). 보다 광범위한 대상을 다루면서 해석적이고 지성사로서 강력한 것으로 AnthonyPagden, *The Enlightenment and Why It Still Matters* (Oxford, 2013).

계몽에 대한 최근의 주장으로서 가장 논의가 많이 된 것으로 양이 많은 책 4권으로 된 Jonathan Israel, *Radical Enlightenment: Philosophy and the Making of Modernity 1650-1750* (Oxford, 2001); *Enlightenment Contested: Philosophy, Modernity and the Emancipation of Man 1670-1752* (Oxford, 2005); *Democratic Enlightenment: Philosophy, Revolution and Human Rights 1750-1790* (Oxford, 2011), 그리고 마지막으로 *Revolutionary Ideas: An Intellectual History of the French Revolution from the Rights of Man to Robespierre* (Princeton, 2014).

참고 자료로 J. W. Yoltoon, with R. Porter, P. Rogers, and B. M. Stafford (eds.), *The Blackwell Companion to the Enlightenment* (Oxford,

1991); 그리고 4권으로 된 A. C. Kors (ed.), *Encyclopedia of the Enlightenment* (Oxford, 2001).

영어가 아닌 언어로 된 주목할 만한 최근의 출판물로서는 다음이 포함된다. G. Paganini and E. Tortarolo (eds.), *Illuminismo: un vademecum* (Turin, 2008)은 계몽사상에 관한 주제로 쓰인 20편의 짧은 글을 담고 있다. 그리고 S. Van Damme, *À toutes voiles vers la vérité. Une autre histoire de la philosophie au temps des Lumières*(Paris, 2014).

계몽에 관한 원전

Encyclopédie, ou dictionnaire raisonnée des sciences, des arts et des metiers (1751-72)는 시카고대학교의 ARTFL Encyclopédie Project, edited by Robert Morrissey and Glenn Roe: http://portail.atilf.fr/encyclopedie/Formulaire-de-recherche.htm에서 무료로 검색할 수 있다. 이것은 제1판(파리 판) 파일로서, 요약 자료도 제공하며, 본문을 검색할 수도 있다. 한편 Richard Schwab에 의한 달랑베르의 번역으로 *Preliminary Discourse to the Encyclopédie* (Chicago, 1995)이 있다.

이 책에서 언급된 계몽 원전의 약간은 그 번역이 페이퍼백 시리즈물로 나와 있다. 그 중의 약간을 아래에서 들어둔다.

Cambridge Texts in the History of Political Thought (Cambridge University Press) : Beccaria, Condorcet, Diderot, Ferguson, Hobbes, Hume, Kant, Locke, Montesquieu, Pufendorf, Rousseau, Vico.

Cambridge Texts in the History of Philosophy (Cambridge University Press): Condillac, Herder, Kant, Shaftesbury, Smith, Voltaire.

The Liberty Press (Liberty Fund, Indianapolis) : Bayle, Carmichael, Grotius, Hutcheson, Hume(*Essays, History*), Locke, Mandeville, Smith.

Oxford University Press는 흄의 철학적 저작을 출판하였으며, World's Classics edition에 그의 *Essays*가 포함되어 있다. 그 출판사는 Hobbes 와 Locke의 저작의 교정판校訂版도 출판하였다.

Gibbon에 대하여, *The Decline and Fall of the Roman Empire* (1776-88), David Womersley에 의하여 편집된 3권본 (London: Penguin, 1995) 을 보라.

제 1 장 계몽

18세기 *lumières*라는 용어에 대하여 : Roland Mortier, *Clartés et Ombres du Siècle des Lumières: Études sur le XVIIIe siècle littéraire* (Geneva, 1969); 그리고 독일에서의 *Aufklärung*에 대한 논의에 관하여 James Schmidt (ed.), *What is Enlightenment? Eighteenth-Century Answers and Twentieth-Century Questions* (Berkeley and London, 1996)를 보라. 이 책은 Mendelssohn과 Kant의 'Was ist Aufklärung?(계몽이 란 무엇인가?)'에 대한 대답도 담고 있다.

고대와 근대의 계몽사상의 원천에 대하여 : Dan Edelstein, *The Enlighten-ment: A Genealogy*, 특히 제3장, 제5장, 제6장.

과학혁명에 대하여 : 비록 저자가 그 용어에 동의하지 않기는 하지만, Lawrence M. Principe, *The Scientific Revolution: A Very Short Introduction* (Oxford, 2011).

17세기 및 18세기의 철학에 대하여 보다 일반적으로 : M. Ayers and D. Garber (eds.), *The Cambridge History of Seventeenth-Century Philosophy*, 2 vols (Cambridge, 2003); K. Haakonssen (ed.), *The Cambridge History of Eighteenth-Century Philosophy*, 2 vols (Cambridge, 2006).

반反필로소프에 대하여 : Darrin M. McMahon, *Enemies of the Enlightenment. The French Counter-Enlightenment and the Making of Modernity* (Oxford and NewYork, 2001).

계몽의 역사적 재구성 : 문학 연구자들에 의한 핵심적인 초기 연구로서 Paul Hazard, *The European Mind 1680-1715* (처음에 프랑스어로 출판된 것은 1935; 영어 번역판은 London, 1953); 그리고 Daniel Mornet, *Les origines intellectuelles de la Révolution française 1715-1787* (Paris, 1933). 프랑코 벤투리(Franco Venturi)의 초기 저작은 *Jeunesse de Diderot(1713-1753)* (Paris, 1939)을 포함한다.

계몽사상의 지리적 확장에 대하여 : Roy Porter and Mikulas Teich (eds.), *The Enlightenment in National Context* (Cambridge, 1981). Robert Darnton, 'The high Enlightenment and the low life of literature in pre-Revolutionary France', *Past and Present*, 51 (1971), reprinted in *The Literary Underground of the Old Regime* (Cambridge, MA, 1982)은 그 사회사에 대하여 결정적으로 기여하였다. 계몽에서의 여성들에 대한 연구는 이제 Sarah Knott and Barbara Taylor (eds.), *Women, Gender and Enlightenment* (Basingstoke, 2005)에서 막 시작되었다. 계몽 '언어'의 확산에 대하여 John Pocock, 'Historiography and Enlightenment: a view of their history', *Modern Intellectual*

History, 5(2008).

제 2 장　종교와의 관련

근본주의적이고 비종교적인 계몽을 진정한 계몽으로 보는 조너던 이스라엘
(Jonathan Israel)의 입장은 그의 *Radical Enlightenment* (2001)에 가
장 잘 표명되고 있다. 위 책은 앞의 「일반적 입문」에서 든, 도합 4권으
로 된 그의 책의 제1권이다. 다른 입장에 대하여 H. R. Trevor-Roper,
'The religious origins of the Enlightenment', in 그의 *Religion, the
Reformation and Social Change* (London, 1967).

자연적 종교 및 신성한 종교의 17세기의 전개에 대하여 : Dmitri Levitin,
*Ancient Wisdom in the Age of the New Science: Histories of
Philosophy in England c. 1640-1700* (Cambridge, 2015).

17세기 후기 및 18세기 초기의 종교에 대한 비판에 대하여 : 이스라엘 대망
론을 포함하여, Margaret Jacob, *The Radical Enlightenment:
Pantheists, Freemasons and Republicans* (London, 1981); 그리고 Ira
O. Wade, *The Clandestine Organization and Diffusion of
Philosophic Ideas in France from 1700 to 1750* (Princeton and
London, 1938). 종교에 대하여 비판적이라기보다는 호기심을 담은 것
으로서 Lynn Hunt, Margaret Jacob, and Wijnand Mijnhart, *The Book
that Changed Europe: Picart & Bernard's Religious Ceremonies of the
World* (Cambridge, MA, and London, 2010).

18세기의 성서 연구에 대하여 : Jonathan Sheehan, *The Enlightenment
Bible: Translation, Scholarship, Culture* (Princeton and Oxford, 2005).
아울러 Adam Sutcliffe, *Judaism and Enlightenment* (Cambridge,

2003)도 보라.

관용에 관한 논의에 대하여 : O. P. Grell and R. Porter (eds.), *Toleration in Enlightenment Europe* (Cambridge, 2000); J. Parkin and T.Stanton (eds.), *Natural Law and Toleration in the Early Enlightenment* (Proceedings of the British Academy: 186) (Oxford, 2013).

'인간의 권리'에 관하여, 그리고 그로부터 논의를 시작하는 것으로 : Lynn Hunt, *Inventing Human Rights: A History* (NewYork, 2007).

18세기 역사 서술에서의 세속적인 것과 종교적인 것, Gibbon의 풍부한 여러 권으로 된 저술에 대하여 : John G. A. Pocock, *Barbarism and Religion*, 6 vols: *I The Enlightenments of Edward Gibbon* (1999); *II Narratives of Civil Government* (1999); *III The First Decline and Fall* (2003); *IV Barbarians, Savages, and Empires*(2005); *V Religion: The First Triumph* (2010); *VI Barbarism:Triumph in the West* (2015).

제3장 사람의 처지를 개선하다

일반적으로 : M. Goldie and R. Wokler (eds.), *The Cambridge History of Eighteenth-Century Political Thought* (Cambridge, 2006).

자연법과 도덕철학에 대하여 : T. J. Hochstrasser, *Natural Law Theories in the Early Enlightenment* (Cambridge, 2000); Ian Hunter, *Rival Enlightenments: Civil and Metaphysical Philosophy in Early Modern Germany* (Cambridge, 2001).

역사 저술에 대하여 : Hugh Trevor-Roper, *History and the Enlightenment* (New Haven and London, 2010); M. S. Phillips, *Society and*

Sentiment: Genres of Historical Writing in Britain 1740-1820 (Princeton, 2000); Silvia Sebastiani, *TheScottish Enlightenment: Race, Gender and theLimits of Progress* (Basingstoke and New York, 2013); 그리고 Pocock, *Barbarism and Religion*, 특히 *IV Barbarians, Savages and Empires.* 철학자 및 역사가로서의 흄에 대하여 James Harris, *David Hume: An Intellectual Biography* (NewYork and Cambridge, 2016 예정).

언어 논쟁의 기원에 대하여 : Avi Lifschitz, *Language and Enlightenment: The Berlin Debates of the Eighteenth Century* (Oxford, 2012).

루소에 대하여 : R. Wokler, *Rousseau* (Oxford, 1995).

제국 비판에 대하여 : S. Muthu, *Enlightenment Against Empire* (Princeton and Oxford, 2003).

경제학에 대하여 : I. Hont, *Jealousy of Trade: International Competition and the Nation State in Historical Perspective* (Cambridge, MA, 2005)은 이제 근본적으로 중요하다.

흄(그의 사회성(sociability)에 대한 주장과 그의 경제학) 및 제노베지에 대하여 : John Robertson, *The Case for the Enlightenment: Scotland and Naples 1680-1760* (Cambridge, 2005).

애덤 스미스에 대하여는 읽기 편하고 뛰어난 지적 전기로서 Nicholas Phillipson, *Adam Smith: An Enlightened Life* (London, 2010)가 있다.

제 4 장 공중을 계몽하다

'공공권'의 개념에 대하여 : Jürgen Habermas, *The Structural Transformation of the Public Sphere: An Enquiry into a Category of Bourgeois Society*

(Oxford, 1989)(1962년에 출간된 독일어판의 번역).

일반적인 역사적 접근으로서 좋은 문헌으로서 : James Van Horn Melton, *The Rise of the Public in Enlightenment Europe* (Cambridge, 2001); 그리고 Thomas Munck, *The Enlightenment: A Comparative Social History 1721-1794* (London, 2000).

커피 그리고 기타의 음식 주제에 대하여 : E. C. Spary, *Eating the Enlightenment: Food and theSciences in Paris, 1670-1760* (Chicago and London, 2012).

프리메이슨에 대하여 : Margaret Jacob, *Living the Enlightenment: Freemasonry and Politics in Eighteenth-CenturyEurope* (Oxford, 1991).

살롱에 대하여 : Dena Goodman, *The Republic of Letters: A Cultural History of the French Enlightenment* (Ithaca and London, 1994), 이에 대한 응답으로서 Antoine Lilti, *The World of the Salons: Sociability and Worldliness in Eighteenth-Century Paris* (Oxford and New York, 2015)(2005년에 출간된 프랑스어 원본의 번역)

아카데미에 대하여 : Daniel Roche, *Le siècle des lumières en province: Académies et académiciens provinciaux 1680-1789*, 2 vols (Paris, 1978); 그리고 Jeremy Caradonna, *The Enlightenment in Practice: Academic Prize Contests and Intellectual Culture in France, 1670-1794* (Ithaca, 2012); 베를린 아카데미에 대하여는 Avi Lifschitz, *Language and Enlightenment* (Oxford, 2012).

『백과전서』의 출판에 대한 우수한 논문으로서 : Robert Darnton, 'The *Encyclopédie* wars of pre-revolutionary France', *American Historical*

Review, 78 (1973).

스코틀랜드 사람들, 그들의 런던 출판업자, 그리고 기타 여러 가지에 대하여: Richard B. Sher, *The Enlightenment and the Book: Scottish Authors and their Publishers in Eighteenth-Century Britain, Ireland and America* (Chicago and London, 2006).

계몽, 정부 및 개혁에 대하여: Franco Venturi, *Utopia and Reform in the Enlightenment* (Cambridge, 1971); Derek Beales, *Joseph II*, 2 vols. (Cambridge, 1987 & 2009); John A. Davis, *Naples and Napoleon: Southern Italy and the European Revolutions 1780-1860* (Oxford, 2006); Paschalis M. Kitromilides, *Enlightenment and Revolution: The Making of Modern Greece* (Cambridge, MA, and London, 2013); Gabriel Paquette, *Enlightenment, Governance, and Reform in Spain and itsEmpire 1759-1808* (Basingstoke, 2008) 및 *Imperial Portugal in the Age of Atlantic Revolutions: The Luso-Brazilian world c.1770-1850* (Cambridge, 2013).

농업 및 제조업에서의 경제적 개선에 대하여: Albritton Jonsson, *Enlightenment's Frontier: The Scottish Highlands andthe Origins of Environmentalism* (New Haven and London, 2013); Joel Mokyr, *The Enlightened Economy: An Economic History of Britain 1700-1850* (New Haven and London, 2012).

계몽, 여론, 출판 및 혁명에 대하여: Keith M. Baker, *Inventing the French Revolution: Essays on French Political Culture in the Eighteenth Century* (Cambridge, 1990); Robert Darnton, *The Forbidden Best-sellers of Pre-Revolutionary France* (London, 1996).

혁명적 정치사상과 그에 선행하는 계몽사상의 관계에 대한 이해는 Michael Sonenscher, *Before the Deluge: Public Debt, Inequality and the Intellectual Origins of the French Revolution* (Princeton and Oxford, 2007) 및 *Sans-culottes: An Eighteenth-Century Emblem in the French Revolution* (Princeton and Oxford, 2008)에 의하여 바뀌었다.

제 5 장 철학과 역사 속의 계몽

제임스 슈미트(James Schmidt)는 *What is Enlightenment? Eighteenth-Century Answers and Twentieth-Century Questions*를 편집하였다. 또한 그는 '계몽'에 대한 오늘날의 논의와 관련하여 유익한 일련의 논문을 작성하였다. 예를 들면 'Misunderstanding the question: "What is Enlightenment?"': Venturi, Habermas, and Foucault', *History of European Ideas*, 37 (2011). 또한 새로 나온 Vincenzo Ferrone, *The Enlightenment. History of an Idea* (Princeton and Oxford, 2015)도 보라.

철학적 비판으로서 주요한 것으로 : Theodor W. Adorno and Max Horkheimer, *Dialectic of Enlightenment* (독일어판 1944; 영어 번역 New York, 1972; London, 1997); Reinhart Koselleck, *Critique and Crisis: Enlightenment and the Pathogenesis of Modern Society* (독일어판 1959; 영어 번역 Oxford, 1988); Isaiah Berlin, *Three Critics of Enlightenment: Vico, Hamann, Herder*, ed. H. Hardy (Oxford, 2013)(1960년대에 나온 글들을 포함하고 있다); Michel Foucault, *The Order of Things: An Archaeology of the Human Sciences*

(London, 1970); *Discipline and Punish: The Birth of the Prison* (London, 1977); *The Foucault Reader:An Introduction to Foucault's Thought*, ed. Paul Rabinow (London, 1984)(강연 원고 '계몽이란 무엇인가?'를 포함한다); Alasdair MacIntyre, *After Virtue: A Study in Moral Theory* (London, 1981); Richard Rorty, *Philosophy and the Mirror of Nature* (Thirtieth Anniversary Edition, Princeton, 2009).

계몽의 옹호를 위하여 : Ernst Cassirer, *The Philosophy of the Enlightenment* (Princeton, NJ, 1951); Habermas, *Structural Transformation of the Public Sphere*; K. M. Baker and P. H. Reill (eds.), *What's Left of Enlightenment? A Postmodern Question* (Stanford, 2001)(이는 리차드 로티의 에세이 'The continuity between Enlightenment and postmodernism'을 포함하고 있다); Samuel Fleischacker, *What is Enlightenment?* (Abingdon and Oxford, 2013); Genevieve Lloyd, *Enlightenment Shadows* (Oxford, 2013).

역사가 이스라엘 및 패그던에 대하여는 제1장에 관한 앞서 든 문헌들을 보라.

'근대성(modernity)'의 지구적 확장의 이치에 맞지 않는 예에 대하여 Sebastian Conrad, 'Enlightenment in global history: a historiographical critique', *American Historical Review*, 117 (2012).

찾아보기

역자약력
서울대학교 법과대학 졸업
법학박사(서울대학교)
서울대학교 법과대학 교수
대법관
한양대학교 법학전문대학원 교수
현재 서울대학교 명예교수

주요저술
(著) 民法硏究 제 1 권, 제 2 권(1991), 제 3 권(1995), 제 4 권(1997),
　　제 5 권(1999), 제 6 권(2001), 제 7 권(2003), 제 8 권(2005),
　　제 9 권(2007), 제10권(2019)
　　민법 Ⅰ: 계약법, 제 3 판(2020)(공저)
　　민법 Ⅱ: 권리의 변동과 구제, 제 4 판(2021)(공저)
　　민법 Ⅲ: 권리의 보전과 담보, 제 4 판(2021)(공저)
　　민법입문, 제 8 판(2020)
　　민법주해 제 1 권(1992, 제 2 판 2022), 제 4 권, 제 5 권(1992),
　　제 9 권(1995), 제16권(1997), 제17권, 제19권(2005)(분담 집필)
　　註釋 債權各則(Ⅲ)(1986)(분담 집필)
　　民法散考(1998)
　　민법산책(2006)
　　노모스의 뜨락(2019)
(譯) 라렌츠, 정당한 법의 원리(1986, 신장판 2022)
　　츠바이게르트/쾨츠, 比較私法制度論(1991)
　　로슨, 大陸法入門(1994)(공역)
　　독일민법전 ─ 총칙·채권·물권(1999, 2021년판 2021)
　　포르탈리스, 民法典序論(2003)
　　독일민법학논문선(2005)(편역)

계몽-빛의 사상 입문

초판발행   2023년 4월 30일

저 자   존 로버트슨
역 자   양창수
펴낸이   안종만·안상준

편 집   김선민
기획/마케팅   조성호
표지디자인   이수빈
제 작   고철민·조영환

펴낸곳   ㈜ **박영사**
                서울특별시 금천구 가산디지털2로 53, 210호(가 ˙ ˉ ˙ ˙ ˙ ˙ 마뱅리)
                등록 1959. 3. 11. 제300-1959-1호(倫)
전 화   02)733-6771
f a x   02)736-4818
e-mail   pys@pybook.co.kr
homepage   www.pybook.co.kr
ISBN   979-11-303-1648-2   03340

＊파본은 구입하신 곳에서 교환해 드립니다. 본서의 무단복제행위를 금합니다.

정 가   19,000원